知りたいことがすぐわかる PLUS

企業の社会的責任［CSR］の基本がよくわかる本

取り組む理由から業務に組み込む工夫まで
実践のためのポイント35

創コンサルティング
海野 みづえ［著］

中経出版

はじめに

地球温暖化対策や食品の安全性など、ビジネスのさまざまな場面で企業の社会的責任（CSR）が求められています。CSRに関する書籍もたくさん見られるようになりました。

そのようななか本書は、はじめて「CSR」という言葉を聞く初心者の方や、どうも「CSRとは何か」がよくわからない方々のために、CSR全体を体系立てて解説している入門書です。表現もできるだけわかりやすくするよう工夫しています。

本書を読み進めることで、なぜCSRに取り組むことが必要なのかが、おわかりいただけるでしょう。海外との取引が年々増えている今日、CSRの対象は日本の中だけでなく、世界での環境問題やさまざまな社会の課題にも目を向けることが大事です。これからの経済成長は、環境や社会分野を含めバランスのとれた持続可能な社会のうえに成り立ちます。

こうした流れから、現在ISOでもCSRの規格が検討されています。2010年に発行されれば、CSRの関心が広がり、さらに多くの企業にその対応が求められるでしょう。

本書をきっかけとして、みなさんのCSRへの理解が深まることを願っております。

二〇〇九年二月

海野　みづえ

実践のためのステップとポイント

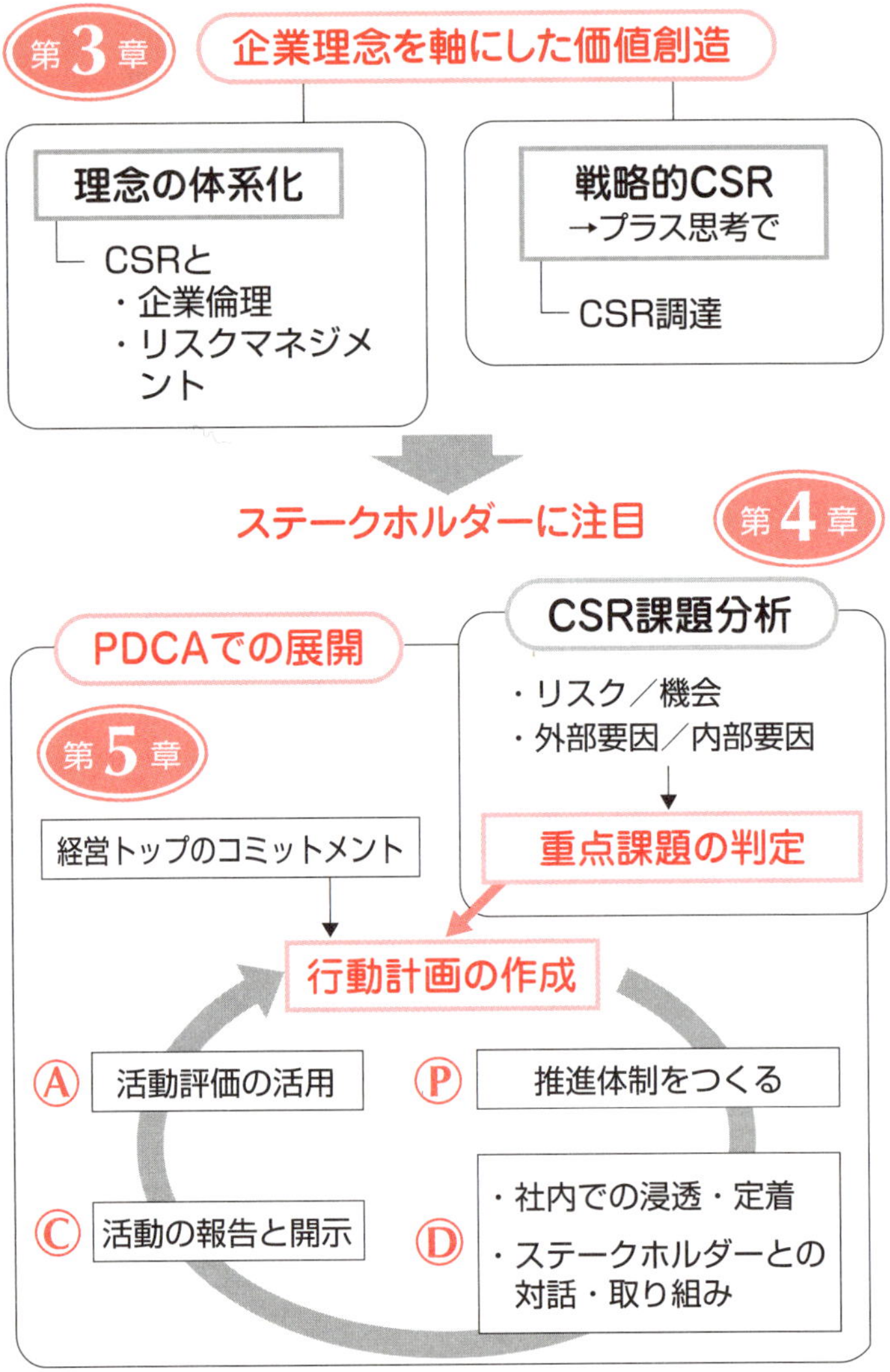

第3章
企業理念を軸にした価値創造
理念の体系化
CSRと
・企業倫理
・リスクマネジメント
戦略的CSR
→プラス思考で
CSR調達
ステークホルダーに注目
第4章
CSR課題分析
・リスク／機会
・外部要因／内部要因
重点課題の判定
PDCAでの展開
第5章
経営トップのコミットメント
行動計画の作成
Ⓐ 活動評価の活用
Ⓟ 推進体制をつくる
Ⓒ 活動の報告と開示
Ⓓ
・社内での浸透・定着
・ステークホルダーとの対話・取り組み

この本の全体マップ

理解すべきこと

第1章 なぜCSRに取り組むのか？

CSRができているとココが違う

取り組む理由

①消費者の変化
②環境問題の深刻化
③ネット社会の発展
④グローバル経済が与える影響

CSRの国際規格化

第2章 CSRの基本5分野

①ガバナンス……透明な経営
②マーケット……安全と公正
③環境…………ビジネスチャンスにも
④職場…………能力の発揮
⑤地域社会………地域貢献と活性化

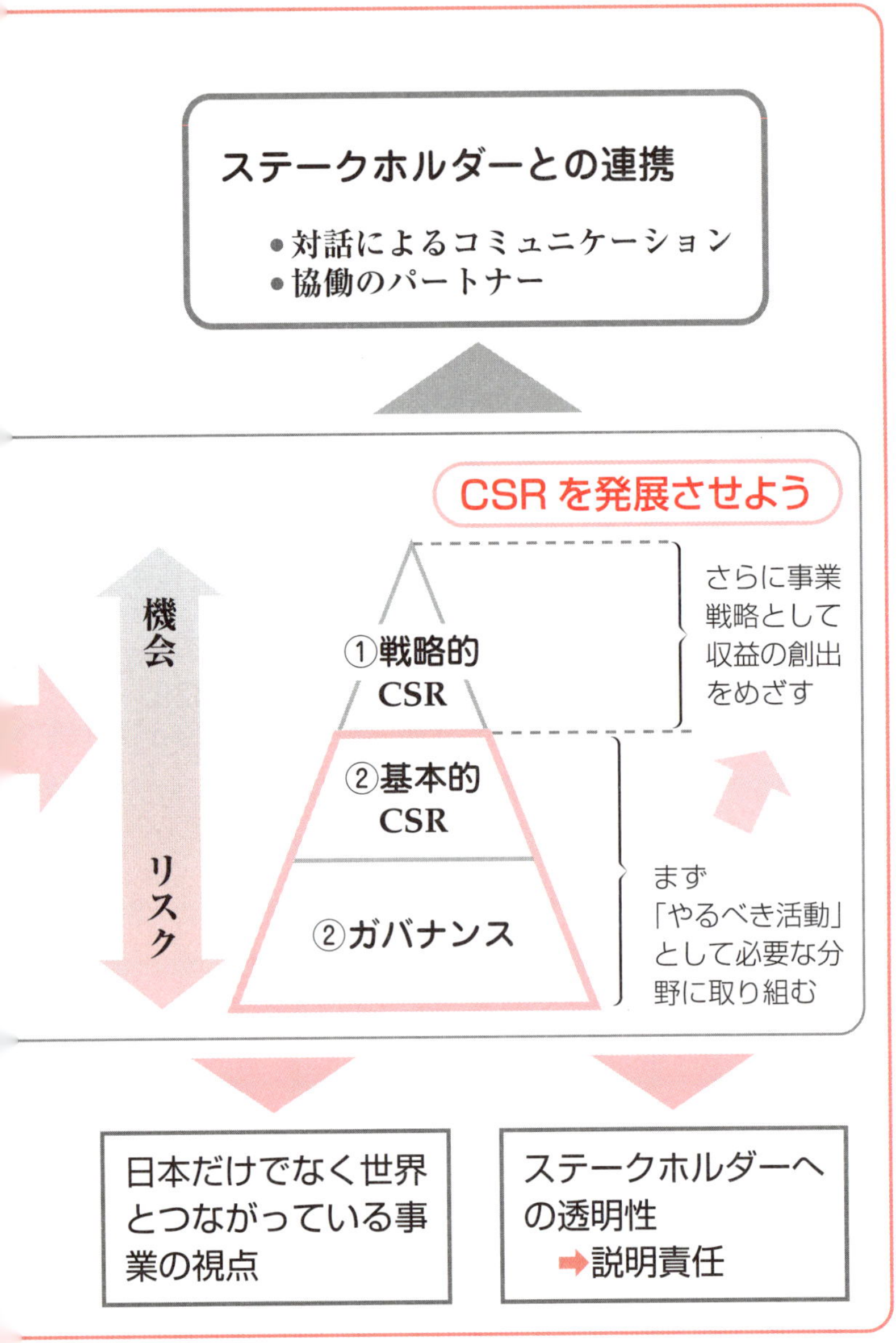
ステークホルダーとの連携
●対話によるコミュニケーション
●協働のパートナー
CSRを発展させよう
機会
リスク
①戦略的CSR
②基本的CSR
②ガバナンス
さらに事業戦略として収益の創出をめざす
まず「やるべき活動」として必要な分野に取り組む
日本だけでなく世界とつながっている事業の視点
ステークホルダーへの透明性
➡説明責任

CSRを実践するためのポイントマップ

何のために
やるのか？

持続可能な社会に
向けた企業の行動

- 公正で倫理的な行動
- 社会課題の本業での取り組み

CSRでやることは？

社会貢献

事業活動に
社会・環境配慮を
組み込む

コンプライ
アンス

ここが
重要！

今までにない
注意点は？

サプライチェーンにまで
およぶCSRの範囲認識

※詳細は87ページ

はじめに　1
この本の全体マップ　2
CSRを実践するためのポイントマップ　4

第1章 そもそもCSRとは何か？

①なぜCSRに取り組むのか？――12
一時的な利益より、長く続けていくことを重視しよう。
②CSRができているとココが違う――16
世の中の役に立つことこそが商売の基本になる。
③[取り組む理由①] 変化した消費者の意識――20
商品やサービスだけでなく、企業の姿勢自体が問われる。
④[取り組む理由②] 拡大するネット社会――24
「このくらいは大丈夫」は大間違い。業界の常識や慣習を疑ってかかれ。
⑤[取り組む理由③] 深刻化する環境問題――28
「市場のルール」が変わり、環境ビジネスが成り立つ時代になった。
⑥[取り組む理由④] グローバル経済が与える影響――32
大企業だけではない。取引先にまでCSR対応が求められる。
⑦国際規格化されるCSR――36
2010年にISO26000――CSRのガイダンス文書が発行される予定。

CONTENTS

コラム① 「小さな規模の会社」が取り組む意義は？ 40

第2章 CSRで取り組む課題

⑧五つの基本分野を押さえておこう 42
「ガバナンス」「マーケット」「環境」「職場」「地域社会」に分かれる。

⑨【ガバナンス】ポイントは「透明な経営」 46
コンプライアンスを超えた企業倫理や情報開示が求められる。

⑩【マーケット】「安全」と「公正」がキーワード 50
消費者の立場に立った姿勢で長期的な支持を得よう。

⑪【環境】ビジネスチャンスを見いだす 54
エネルギーコストの削減や環境製品の開発につなげよう。

⑫【職場】社員が能力を発揮できる環境にする 58
雇用の多様性、労働安全、ワーク・ライフ・バランスが求められる。

⑬【地域社会】地域経済の活性化が自社の利益にもつながる 62
「顔が見える」会社になれば、信頼が生まれる。

コラム② 持続可能な社会とCSR 66

第3章 実践するための七つの視点

⑭「企業理念」を軸にする 68
本業を通じた実践が、企業価値の創造につながる。

⑮企業理念を「体系化」させる 72
企業理念を明文化して、全社員で共有しよう。

⑯「企業倫理」と「リスク」の関係を整理する 76
CSRリスクが発展するとビジネスリスクにつながる。

⑰「ステークホルダー」に注目する 80
社内の体制整備よりも、社会とのかかわりが大事。

⑱「CSR調達」に備える 84
委託先などの間接的な業務管理でもCSRが必要になる。

⑲「戦略的CSR」を展開する 88
プラス思考のCSRは、新たなビジネスを創り出す。

⑳展開の基本は「PDCA」 92
組織的、計画的、継続的に取り組むことが競争力になる。

コラム③ 身近なことがCSRにつながっている 96

CONTENTS

第4章 課題を把握・分析する【実践編①】

㉑「自社にとってのCSR」を知る ―― 98
まず、どこまでできているか／できていないかをチェックする。

㉒分析と評価の流れをつかむ ―― 102
CSRの担当者だけでなく、各部門の責任者と一緒に検討する。

㉓事業プロセスでの課題を把握する ―― 106
自社の製品・サービス特有の課題とステークホルダーについて検討する。

㉔リスクと機会に分類する ―― 110
「社会にどんな影響を与えるか」という視点で判断する。

㉕外部要因を分析する ―― 114
社会への影響やステークホルダーの期待を考慮して、課題の重要度を判定する。

㉖内部要因を分析する ―― 118
社内で何が、どこまでできているのかをレビューする。

㉗取り組み課題の優先度を判定する ―― 122
社外と社内、両方の分析結果から重点課題を絞り込む。

㉘推進に向けた計画をつくる ―― 126
重点課題に取り組むための活動計画を立てる。

コラム④ リスクはプラス思考で考える ―― 130

第5章 CSRを推進する【実践編②】

㉙経営トップがリードする――132
「公人」の立場で将来を見すえ、長期的に取り組む。

㉚CSR推進体制をつくる――136
社内で部門にまたがる「横断的な体制」をつくる。

㉛社内に浸透・定着させる――140
マネジャーが「社内推進役」となり、積極的に進める。

㉜活動評価を社内・社外で活用する――144
「評価指標」をうまく使えば、コミュニケーションが活性化する。

㉝ステークホルダーとコミュニケーションする――148
ステークホルダーと「対話」することで、社外からの評価に向き合おう。

㉞協働体制をつくる――152
ビジネスを展開するうえでの「パートナー」に位置づける。

㉟活動の報告と情報を開示する――156
取り組んできた内容を「CSR報告書」にまとめて公開する。

コラム⑤ ステークホルダーは新しいパートナー――160

本文イラスト／瀬川 尚志

第1章 そもそもCSRとは何か?

❶なぜCSRに取り組むのか?
❷CSRができているとココが違う
❸［取り組む理由①］ 変化した消費者の意識
❹［取り組む理由②］ 拡大するネット社会
❺［取り組む理由③］ 深刻化する環境問題
❻［取り組む理由④］ グローバル経済が与える影響
❼国際規格化されるCSR

1 なぜCSRに取り組むのか？

一時的な利益より、長く続けていくことを重視しよう。

税金を納めればCSRを果たしたわけではない

あなたが参加したある会議で、ひとりの社長が胸を張って語りました。「わが社は雇用を守っているし税金も払っている。CSRは当たり前のことをやるだけだよ」

確かに雇用や納税は企業に求められる重要な責任です。しかし、残念ながらこの社長は左図のようにCSRで求められている、拡大した社会的責任を理解していません。

「その当たり前を疑ってからないと危ないな。以前だったら偽装や環境問題がこんなに騒がれなかったからね。企業に求められるものが変化していると感じるよ」

「単に利益をあげればいい、という考え方が破綻しているからCSRなんでしょ。これからの経営者はもっと社会や環境に関心をもたないといけないんだよ。私みたいにね」

企業の役割が拡大している

基本となる企業責任

- 法の遵守《じゅんしゅ》
- 有用な製品・サービスの提供
- 収益の追求と株主配当
- 雇用の創出
- 納税

拡大した社会的責任

- 積極的な情報開示
- 経営倫理の再確認
- 自然環境への配慮
- 誠実な顧客対応
- 働きやすい環境
- 従業員の自己実現
- 地域社会への貢献

拡大

企業の役割の拡張 ＝ ステークホルダーの拡張

CSR：Corporate Social Responsibility
「企業の社会的責任」

笑いとともにだいぶ本題に近づいてきました。

取り組むメリットは三つ

ＣＳＲとは「Corporate Social Responsibility」の略で、「企業の社会的責任」と訳されます。考え方は、日本でも以前からありましたが、「ＣＳＲ」という言葉が使われ始めたのは、ごく最近です。「社会」「責任」というと義務的ですが、法令を超えた自主性が大切です。

ＣＳＲの根本は、「持続可能な社会をつくるために企業が果たすべき責任」であり、企業から見れば「社会の要請・期待に応えて長期的に事業を継続させる方法」ともいえます。

ＣＳＲに取り組むメリットは大きく三つあります。

第一に、「社会から長期的な信頼」が得られます。「社会」とは、自社にかかわる、さまざまな利害関係者のことで、「ステークホルダー」と呼びます。社会に積極的にかかわろうという姿勢と行動が共感を呼び、共感が信頼につながります。

第二に、「変化への適応力」です。社会は常に変化しています。ＣＳＲで社会・環境へのセンスを高めた企業は、リスクを察知して事業のチャンスにできます。

第三は、多くの人に評価され、「将来にわたって存在を期待され続ける」ことです。企業ブランドが確立され、従業員は働きがいをもち、地域社会の誇りにもなります。

企業がCSRに取り組むメリット

CSRへの取り組み

- 社会の要請・期待に応える
- 本業に社会・環境配慮を組み込む
- 持続可能な社会づくりに貢献する

企業が獲得する財産

- かかわる人びとからの**長期的な信頼**
- 社会・環境の変化に対する**適応力**
- 存在を期待される**ブランド力**

2 CSRができているとココが違う

世の中の役に立つことこそが商売の基本になる。

コンプライアンスや社会貢献は一部分

別の社長が会話を続けます。「CSRとはコンプライアンスのことだから、納税だけではダメだよ。法令違反には最近きびしいから気をつけないと」「うちは夏祭りに毎年寄付をしているけど、社会貢献のことをCSRと言うようだよ」

よくある誤解ですが、CSR＝コンプライアンス（法令遵守）ではありません。またCSR＝社会貢献活動でもありません。いずれも要素の一部ですが、これだけをCSRととらえると、本業の周辺に位置づけられ、片手間で表面的になるおそれがあります。

CSRはひと言で表わすなら「社会との共生」という言葉が当たる幅広い概念です。事業活動で発生する社会・環境へのマイナス影響を抑制し、よりプラスの付加価値を提供し

本業に社会・環境への配慮を組み込む

本業周辺のCSRでは足りない

社会・環境への配慮が本業とは別になっている。

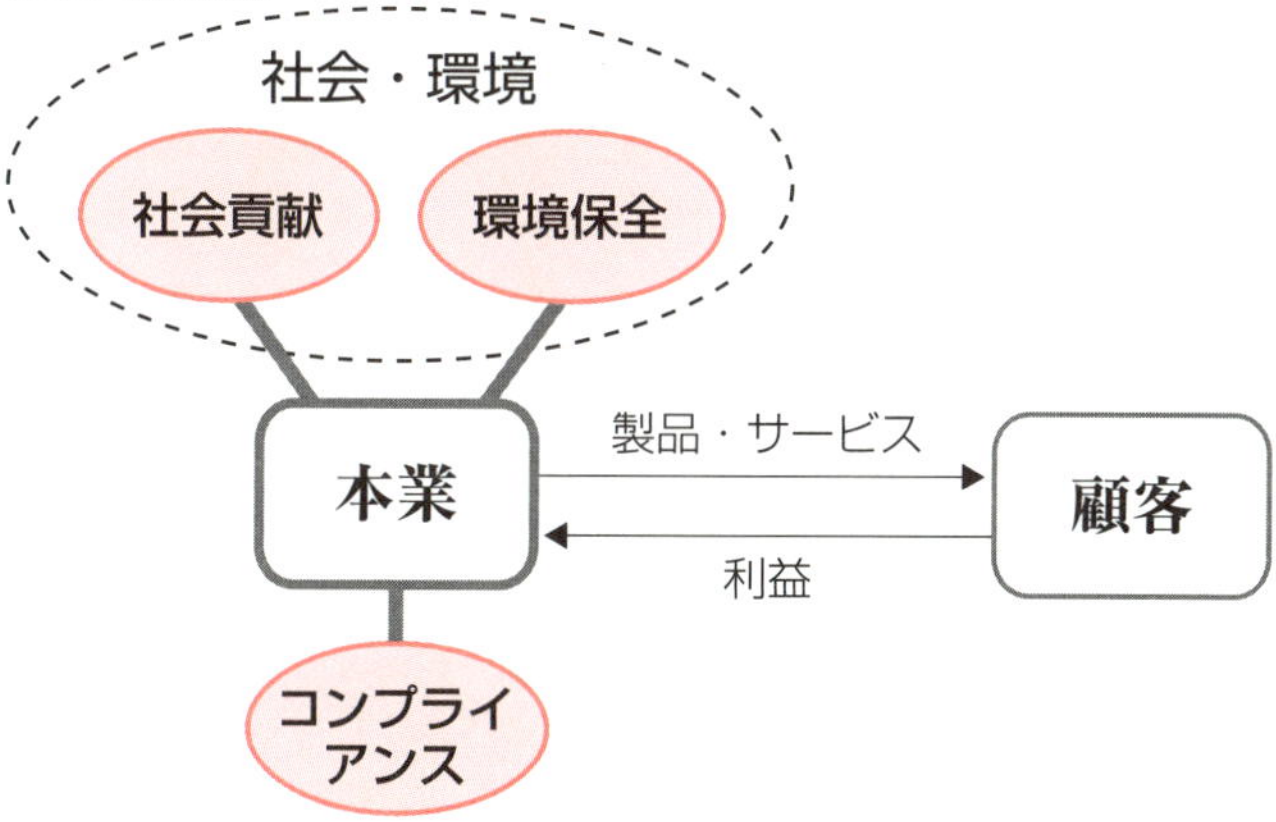

CSRは本業に組み込む

事業プロセスや製品・サービスに社会・環境配慮が組み込まれる。

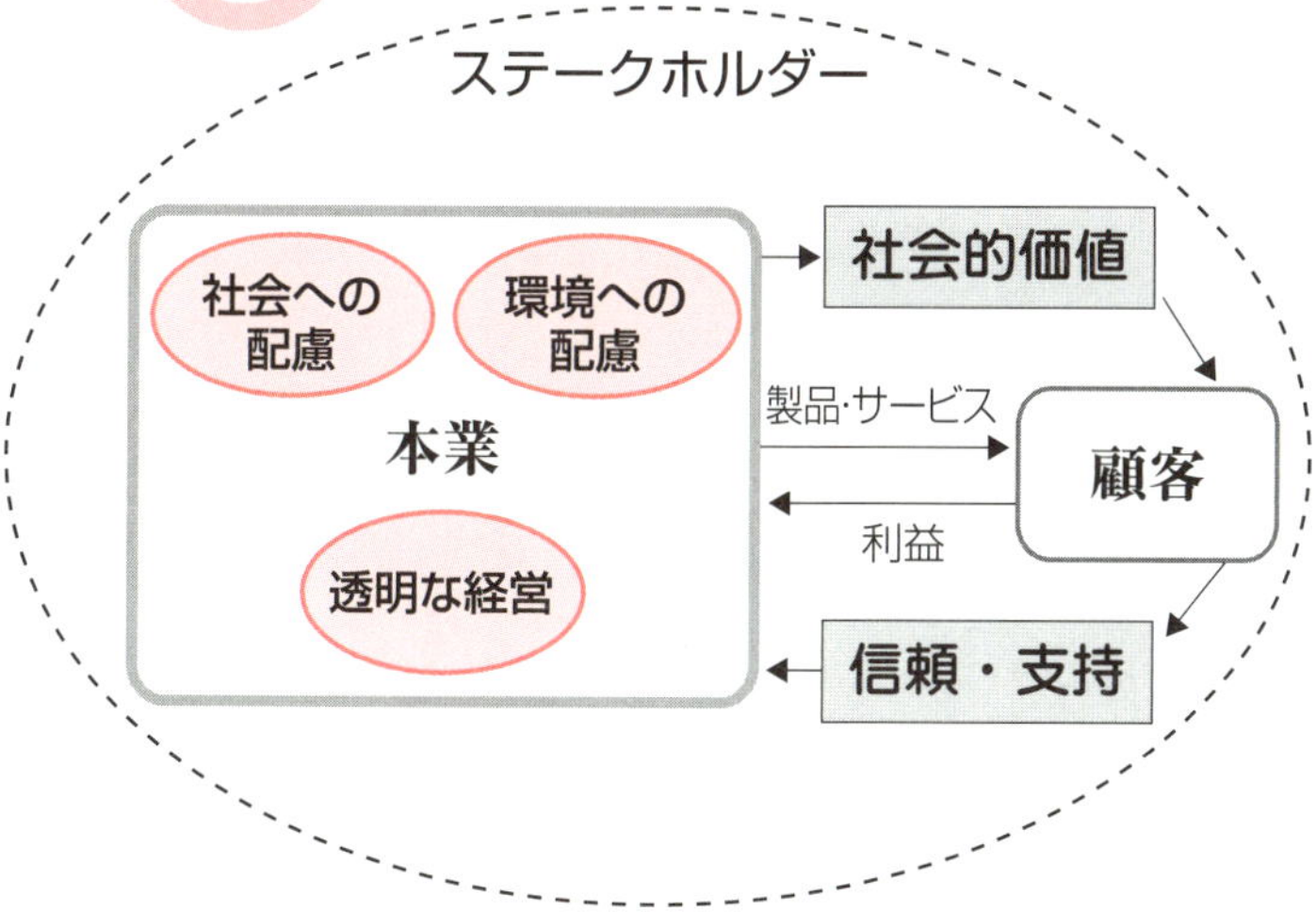

て社会課題の解決に貢献することです。

たとえば、生産工程での環境負荷低減やエコ製品の開発・提供が本業の中での対応です。事業で提供する製品・サービスを社会のニーズに合わせること。仕入、生産、販売、廃棄、人事といった事業のプロセスで社会・環境に配慮すること。これが本業に組み込まれたCSRの中核です。

会議に参加した社長たちは、まだまだCSRができているとはいえないようです。

社会・環境への配慮を組み込む

「経営の神様」と称される松下幸之助は「世のため、人のためになり、ひいては自分のためになるということをやったら、必ず成就します」という言葉を残しています。つまり、世の中の役に立つことこそ本来の商売の基本なのです。

CSRはこの基本を再確認し、利益偏重だった事業に社会・環境の視点を組み込みます。社会・環境・経済のバランスをもった持続可能な事業のあり方に転換するわけです。

これが社会にとっても企業にとっても好ましい状態です。双方にとって持続性の高い事業のあり方がCSRなのです。企業はお金を稼ぐ道具ではありません。どのような価値を世の中に提供するのか、という目的に立ち返ることが永続性を高めます。

日本の商売の原点もCSR

近江商人の三方よし

「売り手よし、買い手よし、世間よし」

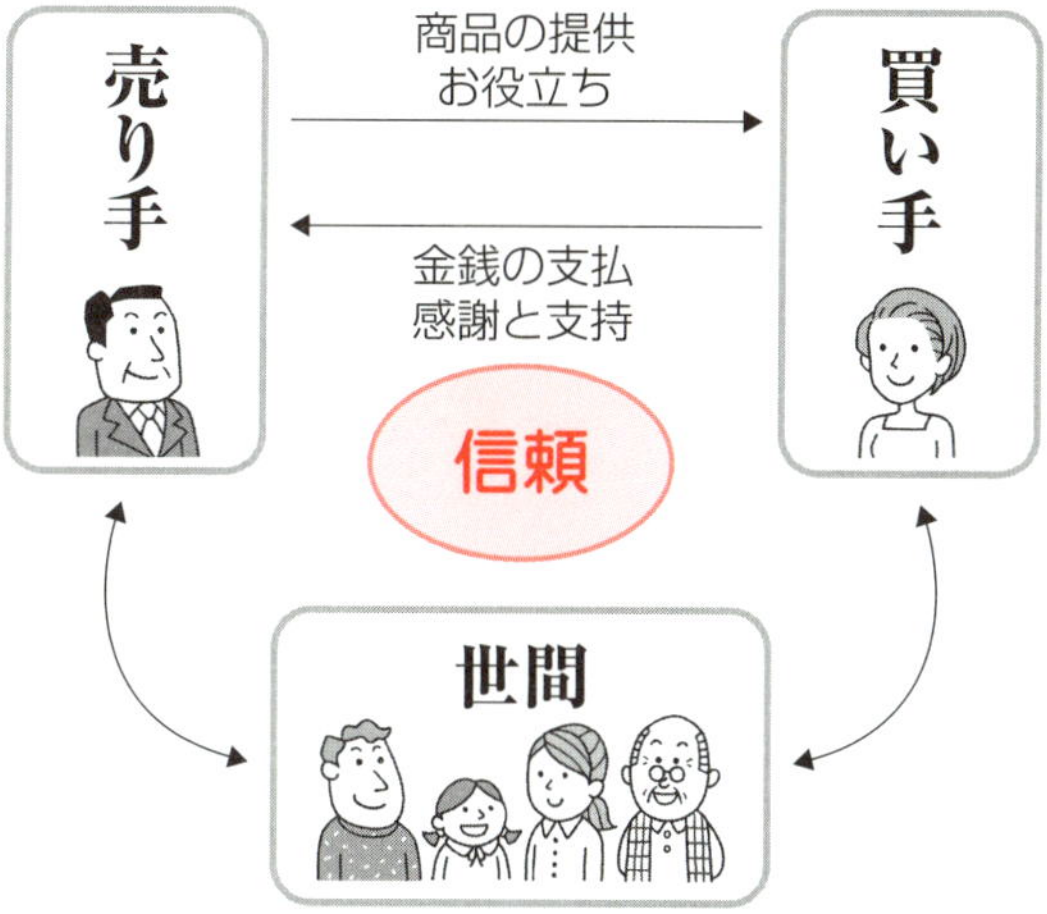

松下幸之助の言葉

「世のため、人のためになり、ひいては
自分のためになるということをやったら、
必ず成就します」

取引は、当事者だけでなく世間のためにもなる
ものでなければならないとした商売の心得

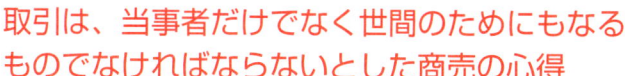

3

［取り組む理由①］

変化した消費者の意識

商品やサービスだけでなく、企業の姿勢自体が問われる。

「食の安全問題」で消費者が大きく変化した

ＣＳＲが求められるようになった背景はさまざまありますが、身近で起きている重要な四つの変化を解説します。

第一に「消費者の変化」です。２０００年代に入ってから、産地偽装や消費期限切れ原料の使い回し、中国製冷凍ギョーザ事件など、食の安全・安心にかかわる問題が目立つようになりました。食中毒など健康被害が出たケースもありますが、被害がなくても「消費者にわからなければいい」という姿勢自体が問われています。いったん問題視されると早々に店頭から撤去され、業績が著しく落ち込みます。不祥事発覚後の対応で自社を守るような態度が感じられると余計に反感を買い、廃業に追い込まれた例もあります。

消費者の関心はこう変化した

経済成長期の関心

- 生活が便利になる
- 価格が安い
- 壊れない

→

安定・成熟期の関心

- 生活が豊かになる
- 価値観に合う
- 品質・価格は当然
- 安全・安心である
- 表示や対応が誠実
- 企業・ブランドが信頼できる

期待増

↓

生命の安全・健康にかかわる責任の重さ

企業の「うそ」「ごまかし」に対する拒否反応

製品・サービスとともに**企業姿勢自体**が問われる

安全・安心に対する要請は食品以外でも同様です。トラックのリコール隠し、電車の脱線事故など、生命にかかわる問題に対して企業の経営責任がきびしく問われています。詐欺行為は論外ですが、きびしい競争の陰でリコール隠しをしてまで収益を確保しようとしたケースなどは他人事ではありません。経営者が消費者の立場に立って判断する責任を負わなければ、現場での隠ぺいはなくならないでしょう。

誠実な対応が自社の「ブランド力」を高める

顧客満足がいわれて久しいですが、真に相手の立場を尊重した誠実な姿勢はファンをつくります。石油暖房機の不具合対応で違いを見せたパナソニックはその一例です。

後手にまわる対応が多いなかで、正直に情報を開示したことが安心感につながりました。しかし、対応には莫大な費用がかかりました。失われた命も戻りません。事後ではなく、重大な事態を招く前に対処することがより重要なのはいうまでもありません。

消費者の関心の変化は社会の成熟にともない、起こるべくして起きています。量が満たされれば質を求め、質が満たされれば安全・安心を求めます。消費者は表面的な対応は敏感に見抜きますので、しっかりと芯の通った誠実さが重要です。逆に、対応できれば「ブランド」という大きな財産を手に入れるチャンスとなります。

安全・安心にかかわる事件・事故の影響

対象	事件・事故	社会への負の影響	企業への影響
食　品	・牛肉偽装 ・期限切れ原料使用 ・産地偽装 ・農薬混入	・食の安全不安 ・廃棄	・廃業・解散 ・業績不振
トラック	リコール隠し	・歩行者死傷 ・安全不安	業績不振
列　車	脱線事故	・乗客死傷 ・安全不安	・賠償金 ・業績悪化
保　険	保険金不払い	・生活不安 ・保険不信	業務停止命令
人材派遣	偽装請負	・不公平な労働条件 ・過労	業務停止命令

誠実な対応は信頼を高める

パナソニックの石油暖房機事故の対応に対する
消費者の評価（CM総合研究所）

「企業が自身の判断で自らのカネを使い、自社の欠陥を知らせるという姿勢を見せたことが、結果的に松下（当時）への信頼感を高めた。相当な覚悟があったと思うが、情報化社会の消費者の恐ろしさをよく理解した対応と評価」

4

［取り組む理由②］

拡大するネット社会

「このくらいは大丈夫」は大間違い。業界の常識や慣習を疑ってかかれ。

ネット社会では個人が企業以上の力をもつことも

インターネットはあらゆる組織や個人に情報収集力と発信力という大きな力を与えました。その結果、従来なら泣き寝入りのケースなどが表に出るようになりました。

ネット上に巨大な口コミ社会が形成され、今や企業の一方的な広告よりユーザーの生の声が売上に直結する例もめずらしくありません。

一方で企業にとって頭の痛い問題も発生しています。就職活動支援サイトでは、面接内容が公開され、掲示板サイトでは社内事情が筒ぬけです。

環境保護団体のウェブサイトでは、原生林伐採問題に関する企業とのやりとりが逐次公開され、非公開のネットコミュニティやメーリングリストでは「ここだけの話」が大勢の

ネット社会における心理の変化

対面での心理

- ちょっと変だけどクレームは面倒だ（消費者）
- 上司に逆らってクビになったら困る（社員）
- 消費者には黙っていればバレないだろう（社員）

→

ネット社会での心理

- 同じようなクレームがないか検索してみよう
- こんな上司は問題だ。ブログに書いておこう
- 消費者をだますのは耐えられない。ネットで告白しよう

手軽さ きびしさ

↓

「多」対「多」、オープン、匿名などの特性が
内部通報やクレームに対するハードルを低くし
企業に透明性や公正性を強く求める

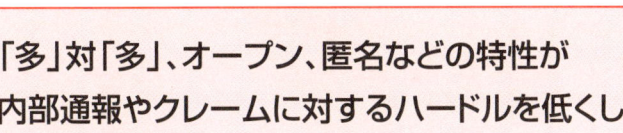

メンバーに共有されているのです。

企業の透明性を高めるきっかけになる

このようなネット社会の特性は、ＣＳＲを進める要因の一つになっています。従来も企業に対して不満や期待をもつ人はいましたが、インターネットの出現によって、この声が顕在化してきたのです。「ステークホルダーの拡大」といえる現象は、情報収集力と発信力によってもたらされたわけです。

この変化に対応するには、企業の意思決定や行動を外部に説明できるよう、「透明性を高めること」が重要となります。「社会の目」は光っており、これまでの企業の論理や業界の常識を疑う必要があります。談合問題、保険金不払いや偽装などは一例です。

従来は、表ざたにならなかったような問題が、社員のやむにやまれぬ告発によって公になっている事実は重大な意味をもちます。そうなるまで企業経営者が問題視しなかった結果であり、自浄作用が働かない旧態依然とした企業体質を物語っているからです。

より開かれた経営を実現するために、積極的にウェブサイトを活用する例も出ています。双方向性の特徴を活かして正確でタイムリーな情報をステークホルダーに提供し、あたかも「社外ご意見番」のような役割を果たしてもらえば理想的でしょう。

ネット社会への対応例

特徴的な事象

- ブログ、掲示板サイトでの企業批判
- メーリングリストでの社内情報ネタ
- 環境保護団体がメールで企業批判を一般に呼びかける

▼

広大な社会の監視の目が広がる

▼

企業の対応

- 口コミを意識した誠実な消費者対応
- 意見や感想を受け付ける窓口をホームページに設置
- 社員や関係者を口止めするのではなく、オープンな姿勢で問題を書かれる前に解決
- 環境保護団体とは敵対関係ではなくパートナーとして対話

▼

ステークホルダーへの説明責任

隠すことは逆に不信感を招く。ネット社会のオープンな特性を活用しよう。

5

［取り組む理由③］

深刻化する環境問題

「市場のルール」が変わり、環境ビジネスが成り立つ時代になった。

環境問題は経済にも影響を与え始めた

地球環境の変化は「市場の競争ルールを変えた」といっても過言ではありません。これまで無害だと思われていたCO_2が地球規模の気候変動を招き、無制限に等しかった資源やエネルギーが有限で持続可能でないことが再認識されました。「低炭素社会」「循環型社会」における事業のあり方が求められています。

2008年の洞爺湖サミットでは、「2050年までにCO_2排出量半減」が世界共通目標として提案され、企業に対する規制もいっそうきびしさを増します。京都議定書の「1990年と比べて6％減らす」という目標の達成さえ難しい状況で、取り組みは進んでいるものの、削減への道のりはまだ始まったばかりです。

地球環境の変化

無限・再生可能な環境が・・・ → **有限・再生不可能に！**

無限・再生可能な環境が・・・	有限・再生不可能に！
大気	CO_2吸収力の限界
水	かんばつ・水不足・水質汚染
石油・石炭・天然ガス	天然資源の枯渇
森林・鉱物	原生林の破壊
農産物・海産物	食糧危機
生態系	絶滅危惧《きぐ》種の増加（生物多様性の減少）

限界

↓

**地球環境を持続可能な状態へ戻さなければ
企業どころか人類の存続にかかわる
事態になる**

環境対応がコスト削減、製品・サービスの開発につながる

企業の立場で考えると、CO_2削減は電力や燃料の節約になり、経費削減という経済効果があります。そのため、費用対効果が算出しやすく取り組みが進んでいます。

しかし、売上が増えればそれだけ排出量も増えますので、総量で見ると逆に増えているケースもあります。つまり、地球の吸収できる限界量が問題ですので、生産高比のような原単位での目標から総量での目標にシフトする動きが出ています。企業にとっては大きなチャレンジですが、生産性向上や技術革新をもたらすきっかけになります。

また、消費者の環境への関心の高まりや政府の規制は、新たなビジネスチャンスをもたらします。低燃費のエコカーや電力消費量の少ない家電製品などは売上が増加しています。ドイツで太陽電池の普及が日本より進んだのは、政策的な推進支援による効果です。ルールの変更は新規参入にも道を開くのです。

ただし、経済面だけにかたよらないよう注意が必要です。地球に暮らす一員として、水・食糧や生態系など自然の恵みに感謝し、環境負荷の少ないスタイルに転換することを忘れてはいけません。環境ビジネスで儲けた社長が、燃費の悪い高級車を乗りまわしていては説得力がないでしょう。

企業にできる環境対応

省エネルギー・省資源

- 省電力の徹底
- 低燃費車両への切り替え
- ゴミ削減・リサイクル促進
- ビル・敷地の緑化

経費削減効果

環境配慮型製品・サービス

- エコカー、省エネ家電
- リサイクル製品
- エコ物流、エコツアー
- 自然エネルギー
- ITエコサービス（紙・移動の削減）

新市場開拓・付加価値

＋

環境保全活動

- ボランティア活動の促進
- NPOとの協働プロジェクト
- 社員の生活におけるエコ促進

社員の意識向上・社会からの信頼

環境対応は、経費削減などにつながるが、環境を大事にする意識が大切。

6

［取り組む理由④］

グローバル経済が与える影響

大企業だけではない。取引先にまでCSR対応が求められる。

知らずに悪影響に加担している

グローバル経済は多くの便益をもたらした一方で、特に途上国において負の影響を与えていることが問題となっています。たとえば、アパレル業界では東南アジアで劣悪な労働環境が人権団体に告発され、アメリカで大規模な不買運動に発展しました。食品業界では農園の乱開発や先住民の権利侵害、搾取的な低賃金などが糾弾されました。

これらはほんの一例ですが、経済力と情報の格差が大きいと搾取構造になりやすく、下請け業者に負荷が押しつけられます。先進国では下請法などの法令で守られていますが、途上国では法令自体が未整備のうえ、汚職などの問題もあって野放し状況がまだ残っているのです。

グローバル経済がもたらした変化

地域経済の課題

- 市場の成長限界
- 労働力不足・高賃金
- 資源・エネルギーの入手困難

グローバル経済の課題

- 途上国での劣悪な労働環境・低賃金
- 先住民や生態系を無視した森林開発
- 法令や商習慣の異なる海外企業との取引の増加

負の影響も拡大

経済のグローバル化により、企業には国際規範を守ることが求められる。影響は中小の取引先にも波及

もしみなさんの事業が途上国の人びとの生活や自然の犠牲の上に成り立っているとしたら、平気でいられるでしょうか。間接的なかかわりも含めてまずは知ることが大切です。

取引先にもCSRを要請するグローバル企業

グローバル経済の中心は巨大な多国籍企業グループです。その経済的規模は一国をもしのぐほどで、たとえば一〇兆円の売上規模は、フィンランド、ニュージーランド、マレーシアなどのGDP（国内総生産）に匹敵します。日本企業では大手商社や自動車メーカー、電機メーカー、通信グループなどがこの規模に達しています。

このような影響力をもつ巨大企業には、法規制以上の自発的で責任ある行動が強く求められます。そして、仕入先にも同様の対応を要請します。仕入先の問題であっても自社の責任を問われるからです。こうして調達の基準に適正な環境対応や労働慣行が入ってきました。中小企業にもCSRへの取り組み要請がくるのはそのためです。

前向きにとらえると、日本企業の良さを発揮するチャンスでもあります。新興国では経済発展にともなって環境問題や社会問題の悪化が懸念されています。日本企業が過去の経験から得た教訓を活かして見本となることは、現地からの信頼が得られるうえ、尊敬を集めることにつながるでしょう。

企業に求められる国際規範

国際規範の代表例

［グローバル・コンパクトの10原則］

人　権

1. 企業は、国際的に宣言されている人権の保護を支持、尊重し、
2. 自らが人権侵害に加担しないよう確保すべきである。

労　働

3. 企業は、組合結成の自由と団体交渉の権利の実効的な承認を支持し、
4. あらゆる形態の強制労働の撤廃を支持し、
5. 児童労働の実効的な廃止を支持し、
6. 雇用と職業における差別の撤廃を支持すべきである。

環　境

7. 企業は、環境上の課題に対する予防原則的アプローチを支持し、
8. 環境に関するより大きな責任を率先して引き受け、
9. 環境に優しい技術の開発と普及を奨励すべきである。

腐敗防止

10. 企業は、強要と贈収賄を含むあらゆる形態の腐敗の防止に取り組むべきである。

- 「グローバル・コンパクト（GC）」は、1999 年 1 月、ダボスの世界経済フォーラムの席上、アナン国連事務総長が提唱し 2000 年 7 月に国連本部で正式発足
- GCを支持する各国企業・組織が、10の普遍的原則を遵守・実践することで、世界に積極的な変化をもたらすことが目的

7 国際規格化されるＣＳＲ

２０１０年にＩＳＯ２６０００——ＣＳＲのガイダンス文書が発行される予定。

さまざまな関連規格・ガイドラインが存在する

ＣＳＲはまだ新しく幅広い概念です。国によって社会の課題が異なりますので、とらえ方に違いがあります。

また、企業の取り組みが進むにつれて、ＣＳＲの考え方や範囲も変化してきました。これまでに共通の枠組みを提示する規格・ガイドラインがさまざまな機関から出されています。左図が主な例です。

経団連の「企業行動憲章」や経済同友会の「自己評価シート」は、日本の実情にあわせたＣＳＲを提示しています。ＣＳＲ報告書を作成する際には、国際的なガイドラインである、ＧＲＩの報告ガイドラインが参考になります。特定分野では環境マネジメント規格の

CSR関連の規格・ガイドライン例

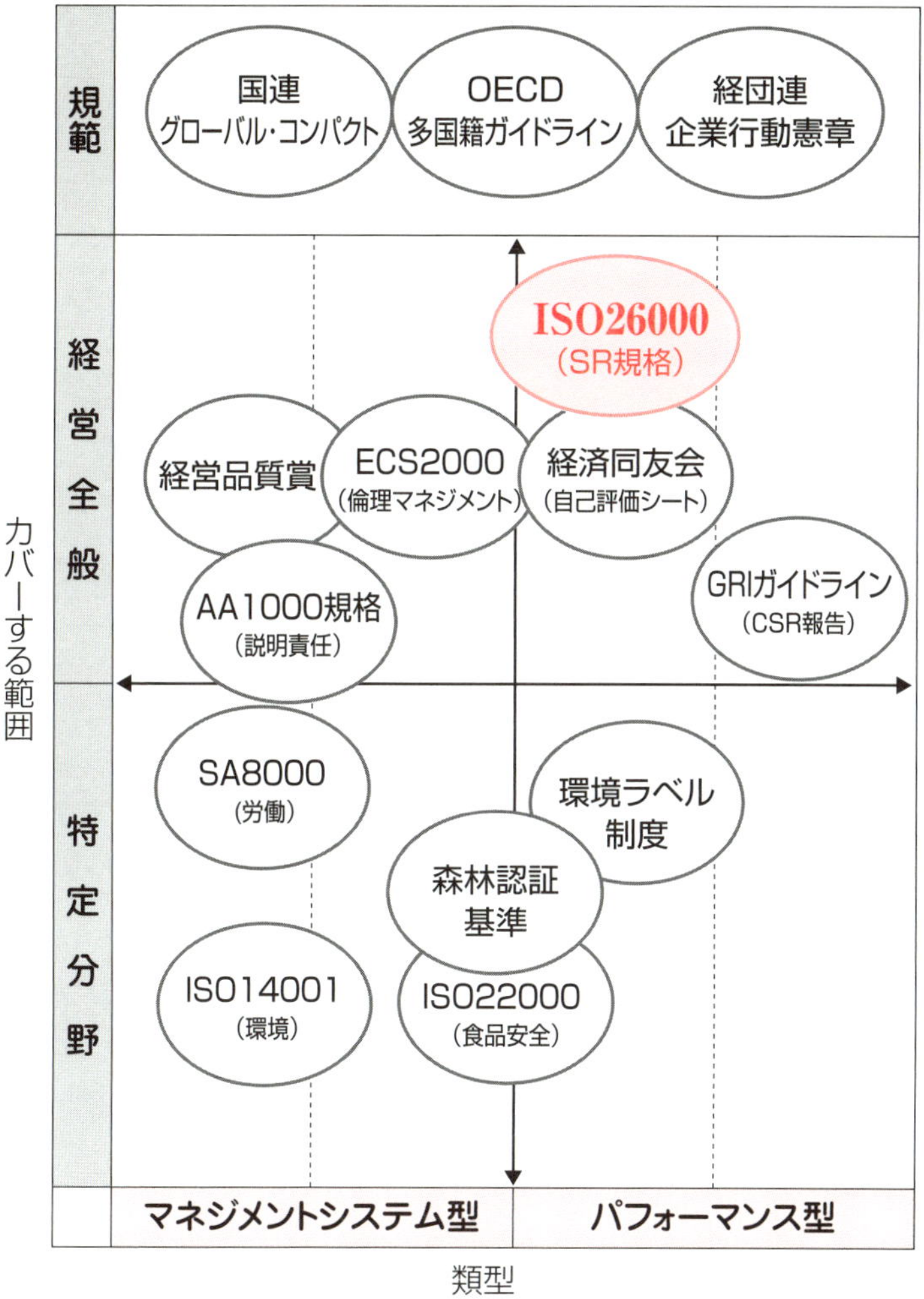

さまざまな規格のなかで、今後ISO26000が世界共通の規格になる。

ＩＳＯ１４００１をご存知の方も多いでしょう。

世界標準となる国際規格化が進む

ＣＳＲの取り組みが世界各地で進み、大手企業から中小の調達先に広まるにつれて、共通のよりどころが必要になってきました。

そこで、ＩＳＯ（国際標準化機構）が中心となり、規模や地域を問わず全般をカバーするガイダンス文書をまとめています。これが「ＩＳＯ２６０００」です。企業だけでなく、あらゆる組織に適用できるよう「組織の社会的責任（ＳＲ：Social Responsibility）規格」として２０１０年の発行予定です。

関連規格を一つに統合するのではなく、最低限必要な要素をカバーする、いわば「ＣＳＲ全体の交通整理役」です。このなかで、社会的責任は「組織の決定及び活動が社会及び環境に及ぼす影響に対する組織の責任」と位置づけられています。法令を超えてより積極的に自社の与える影響を把握し、自主的に責任を果たしていこうということです。

したがって、組織の規模や地域、時代によって取り組むべき内容や責任の大きさが異なってきます。提示されている考え方や社会・環境課題を参考にして、自社を取り巻くステークホルダーの要請・期待と自社の状況にあわせて取り組んでください。

ISO26000（SR規格）の概要

ISO26000（SR規格）の特徴 ➡ 2010年発行予定

- 企業のみならずあらゆる組織が対象
  ⇒組織の社会的責任（SR）
- 第三者認証を目的としない、ガイダンス文書
- CSR全般における主要な項目をカバー

社会的責任の定義

次のような透明かつ倫理的な行動を通じて、組織の決定及び活動が社会及び環境に及ぼす影響に対する組織の責任

- 持続可能な開発、健康及び社会の繁栄への貢献
- ステークホルダーの期待への配慮
- 適用される法令の順守及び国際行動規範の尊重
- 組織全体で統合され、組織の関係の中で実践される行動

※ 活動には、製品、サービス及びプロセスを含む
※ 関係とは、組織の影響圏内の活動を指す

中核主題の分類

1. 組織統治
2. 人権
3. 労働慣行
4. 環境
5. 公正な事業慣行
6. 消費者課題
7. コミュニティ参画及び開発

出典：財団法人日本規格協会「ISO/WD4.2 26000ドラフト（仮訳版）」（2008年6月2日）

COLUMN

CSR実践のポイント❶

「小さな規模の会社」が取り組む意義は？

◆大切なのは「自分で納得する」こと

「CSRは余裕のある大企業がやることでは？」という質問にみなさんならどう答えますか。

答え方はさまざまありますが、「考える過程」が大事です。実は、これがCSRへの理解を深める早道なのです。ぜひ、みなさん自身の言葉で語ってみてください。

◆小さくてもキラリと光る会社になる

以下の３つは、必ず押さえるべきポイントです。

・社会のルールに余裕のある／なしは関係ない

・小さな影響も、多数集まれば大企業以上になる

・顔が見える関係だからこそ信頼が大事

これからの社会では、「利益と社会・環境配慮を両立する」企業が信頼を獲得していきます。大企業に大きな役割が期待されるのは当然ですが、ルールは共通です。

中小企業も社会や環境に何らかの影響を必ず与えています。もし、大勢が同じ行動をとったらどうなるか想像し、リーダーとしての自覚をもつことが大事です。

「いい会社」に大小は関係ありません。三ツ星レストランには小さな店もたくさんあります。かかわる人びととの関係は大企業より近く、CSRへの取り組みが信頼に結びつきやすいといえるでしょう。

第2章

CSRで取り組む課題

8 五つの基本分野を押さえておこう

「ガバナンス」「マーケット」「環境」「職場」「地域社会」に分かれる。

「ガバナンス」はCSRを支える基盤

ＣＳＲは、社会との共生ともいうべき大きな概念であり、さまざまな分野を含んでいます。そこで基本を分類して考える必要があります。

ＩＳＯ２６０００では、主要な課題を七分類していますが、日本企業で主に国内拠点を対象とした場合、左図の五分野に集約すると課題をとらえやすくなります。

①ガバナンスは、ＣＳＲを支える体制や基盤です。主に理念、企業倫理、意思決定プロセス、情報開示などが含まれます。「企業統治」と訳されますが、わかりやすくいえば、「透明な経営」であり、さまざまなステークホルダーの要請や期待を把握し、的確に対応していく仕組みや体制です。ガバナンスのすぐれた企業は、周囲への配慮が行き届き、企業不

CSRの5つの基本分野

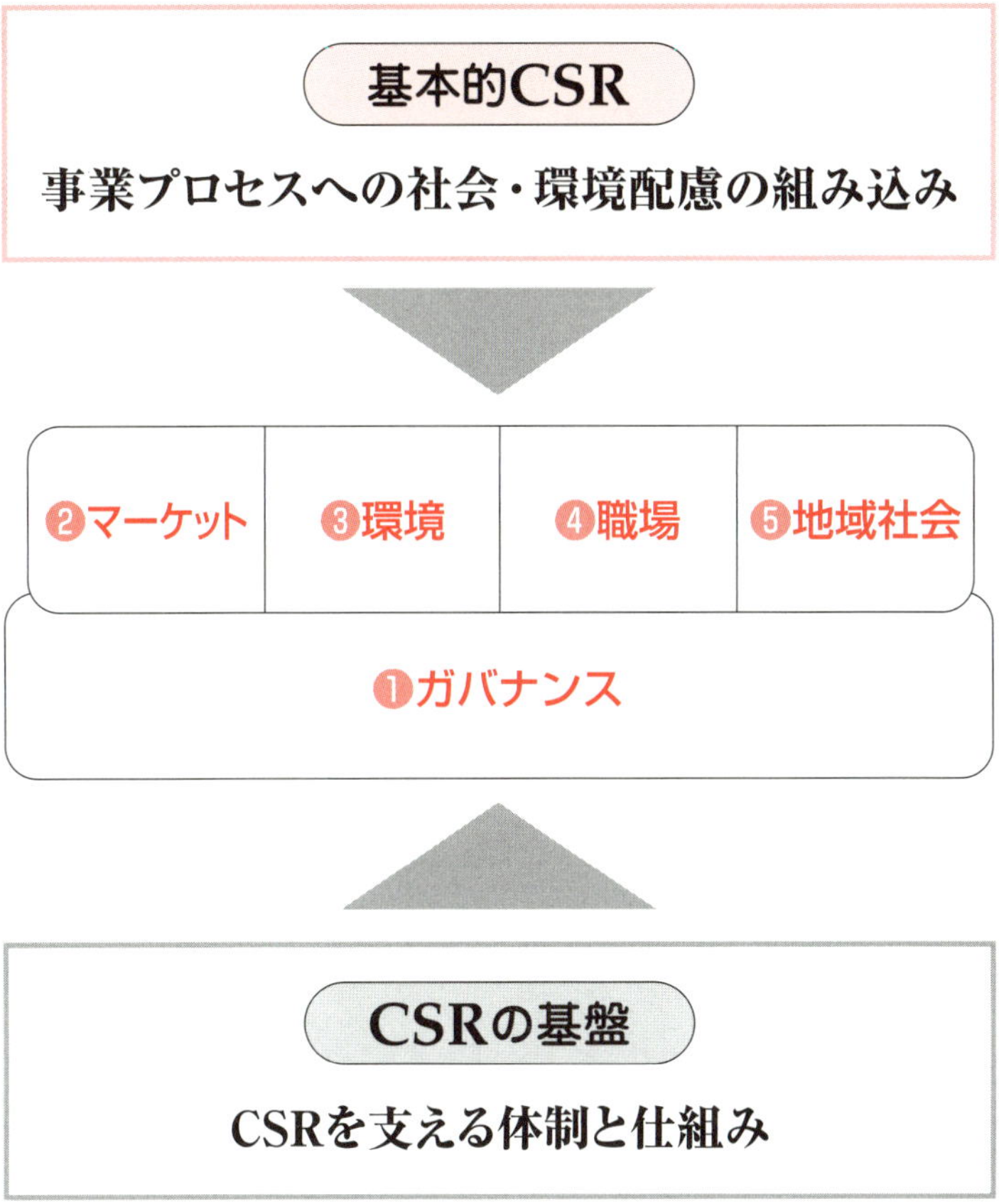

5分野のうち、社会・環境に直接関係するのは
❷〜❺（基本的CSR）。
❶ガバナンスはCSRを支える体制と仕組みで、
❷〜❺を横断する基盤となる。

祥事の発生リスクが少なく、信頼性が高くなります。

環境や地域社会も重要な課題になる

②マーケットには、主に消費者の安全・安心や、誠実な対応、公正な取引などが含まれます。時代とともに求められるレベルがきびしくなっていますので、前例を疑うことも必要です。マーケット対応のすぐれた企業は優良顧客が多く、取引先との関係も良好です。

③環境には、気候変動への対応、省資源・省エネルギー、自然環境保全などが含まれます。重要な政治課題となった環境問題は、自主規制から法制化へと進んでいます。環境対応のすぐれた企業は経費を抑制し、環境対応製品・サービスにつながります。

④職場には、主に人権や多様性、能力開発、ワーク・ライフ・バランスなどが含まれます。社員一人ひとりが、より能力を発揮できる環境が求められます。職場対応のすぐれた企業は社員の働く意欲が高く、生活面でも家庭や地域社会に貢献する潜在力があります。

⑤地域社会には、地域との交流ばかりでなく、地元社会への経済的貢献などが含まれます。当事者としての自覚をもち、事業の強みを活かした積極的関与が求められます。地域社会対応にすぐれた企業は、企業も社員も地元の誇りとして人びとから愛着をもたれます。海外で事業を展開している場合は、国際社会への貢献も求められます。

CSRの取り組み項目

基本分野	主要ステークホルダー例	取り組み項目の代表例	ISO26000分類
ガバナンス	すべてのステークホルダー	● 企業理念 ● 意思決定プロセス ● 企業倫理・コンプライアンス ● 情報開示・コミュニケーション	組織統治
マーケット	消費者 顧客企業 取引先 競争相手	● 製品・サービスの安全・安心 ● 消費者対応と教育 ● 公正な取引・CSR調達(84ページ) ● 社会・環境配慮型製品・サービス	消費者課題 公正な事業慣行 人権
環　境	気候 天然資源 生態系	● 汚染防止 ● 気候変動への対応 ● 省資源・省エネルギー ● 自然環境の保全	環境
職　場	従業員 非正社員 経営者	● 雇用機会・人権・多様性 ● 労働安全衛生 ● 公正な評価・能力開発 ● ワーク・ライフ・バランス	人権 労働慣行
地域社会	地域住民 NGO／NPO 自治体 国際社会	● 地域経済の活性化 ● 社会貢献活動 ● 地域活動への参画・NPOとの協働 ● 海外拠点における共生	コミュニティ参画および開発 人権

9 【ガバナンス】ポイントは「透明な経営」

コンプライアンスを超えた企業倫理や情報開示が求められる。

企業理念をCSRの根本に位置づける

せまい意味でのガバナンスは株主利益を守るために経営をチェックする体制や仕組みを指しますが、CSRのガバナンスは広く社会（＝ステークホルダー）からの要請・期待に応える体制や仕組みを意味します。これがCSRを支える基盤となります。

まず、根本には「企業理念」が位置づけられます。企業が何のために社会に存在し、どのように経営を行うのかを示します。多くの企業には社是・社訓などがあり、「事業を通じて社会に貢献する」ことが宣言されています。これは、単に壁にかけるための社内標語ではありません。社会に対する約束であり、社員が実践する原則です。企業理念は事業活動のすべてに影響しますから、CSRの要素が欠かせません。

ガバナンス分野の取り組み項目

社会

- 社会に役立つ経営姿勢と実践
- 不正やごまかしのない透明な意思決定
- 情報の公開と対等なコミュニケーション

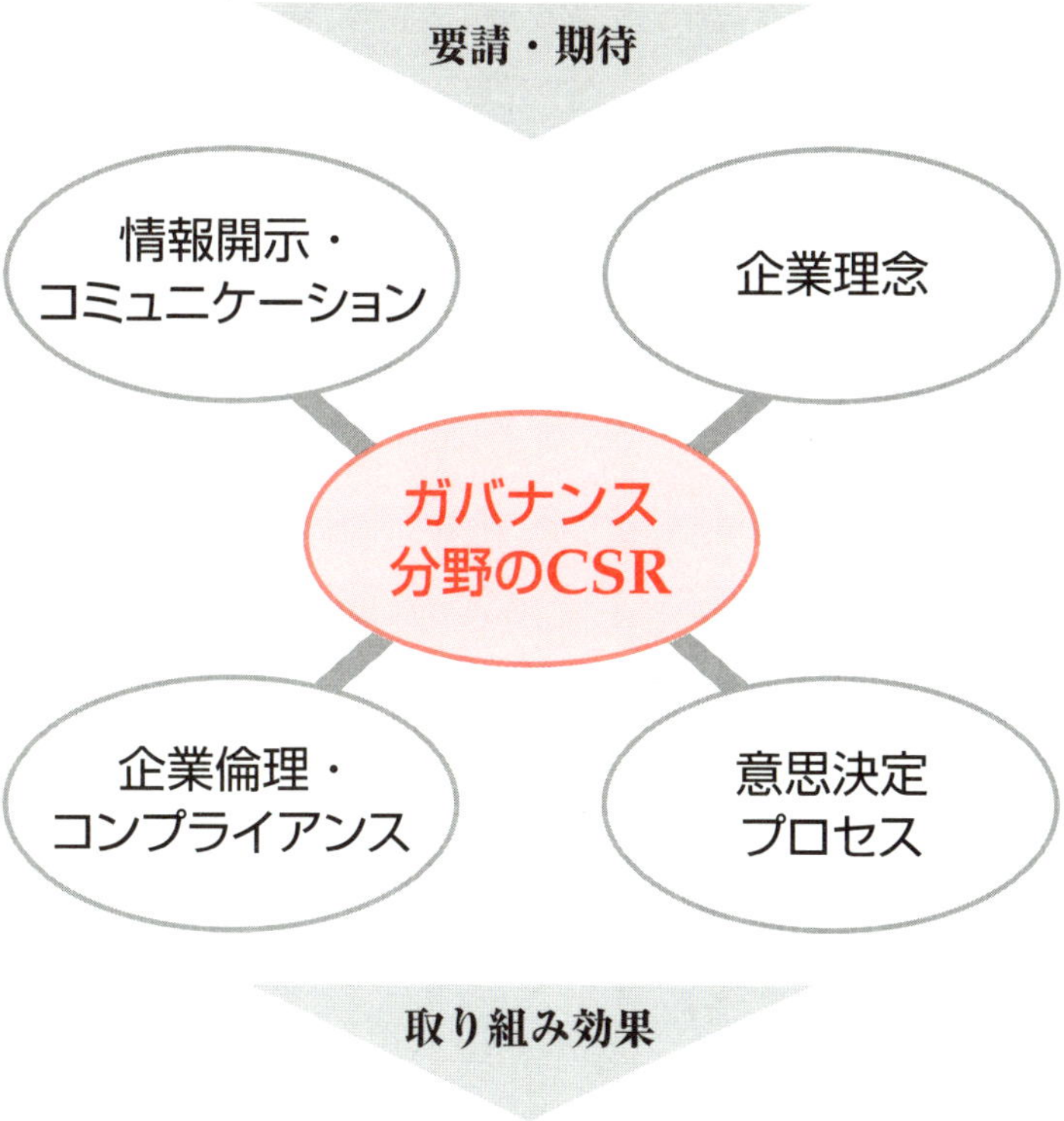

企業

- 経営の質の向上
- リスク回避と長期的成長の基盤
- ステークホルダーからの信頼

コンプライアンスを超えて取り組む

悪賢い企業が儲かり、誠実な企業は損をすると思うのは時代錯誤です。利益のためにやむにやまれない状況にぶつかったとしても、不祥事を防ぐことが大事です。このために不正や過失を防止する仕組みを整え、第三者チェックや事前説明を行うなどの透明な「意思決定プロセス」が有効なのです。内部統制は、そのための仕組みづくりです。

経営陣も含め、全従業員に企業倫理・コンプライアンスが求められます。法令を守るのは当然のこととして、社会の模範となっているか、家族に話せるかなどがわかりやすい基準です。情報化時代において、「ばれない」ことはありえないと心得てください。企業にはそのための指針づくりや研修などでの周知徹底が求められます。

社会に開かれた経営のためには、「情報開示とコミュニケーション」が欠かせません。たとえば、消費者は安全・安心が気になりますし、工場の近隣住民は毒物や火災・事故などの危険がないか心配です。CSR報告書の発行やホームページ上の開示も増えてきました。このような有用な情報も一方通行では効果が半減します。

そこで、「ステークホルダーとの対話」による双方向のコミュニケーションが行われています。企業に対して注文をつけてくるステークホルダーを「ありがたい存在」ととらえれば、経営のプラスになることでしょう。

ガバナンス分野の取り組み内容の例

項　目	取り組み例
企業理念	● 企業理念の明文化と公開 ● 行動指針の策定、社員への浸透 ● CSR 方針の策定
意思決定プロセス	● 経営と執行の監視体制、内部統制 ● リスク管理、内部監査への社会的責任の組み込み ● 経営判断の社会・環境視点からのチェック
企業倫理・コンプライアンス	● 企業倫理・コンプライアンスマニュアルの策定、研修 ● 遵守状況の把握、内部通報窓口の設置 ● 顧客・取引先や派遣社員への説明
情報開示・コミュニケーション	● 情報開示方針の策定 ● ステークホルダーとの対話の実施 ● CSR 報告書の発行、ホームページでの開示

10 【マーケット】「安全」と「公正」がキーワード

消費者の立場に立った姿勢で長期的な支持を得よう。

消費者の安全・安心志向はますます高まる

顧客ニーズに合った、確かな品質の製品・サービスを適正な価格で提供することが商売の成立要件です。CSRでは、ここに社会・環境への配慮が組み込まれます。

まず製品・サービス自体に害や悪影響がなく、安全・安心であることが第一です。高齢者や子ども、障害者への配慮、健康への影響、長期間使用時の安全性など、さまざまな使用状況を想定する必要があります。

表示や説明では、悪くいえば「消費者をだます」ことが起こりえます。そのため、消費者を保護する法令がありますが、企業の誠実さに負う部分も大きいのです。逆に、徹底して相手の立場に立った表示や説明を行えば、差別化になり、支持を得られます。

マーケット分野の取り組み項目

社会	
	● 製品事故や健康被害の減少 ● 公正な競争ルールによる製品・サービスの向上 ● 社会や環境面で持続可能な事業

企業	
	● ブランドイメージの向上、優良顧客層の拡大 ● 取引先とのパートナー関係強化 ● 社会環境配慮型製品・サービスの開発・提供

また、クレームや不具合発生などにおいては、どのような対応を行うかで企業の評判が分かれます。相手の状況をていねいに把握し、自社製品・サービスに改善の余地があれば、責任逃れをせずに誠実に対応する姿勢が大切です。顧客情報の管理やプライバシー保護も重視されてきました。

「誠実さ」「公正さ」が評価される

取引関係においては、公正さがいっそう強く求められています。従来は暗黙のうちに行われていた談合や下請けいじめが告発されるようになってきました。法令遵守だけでなく、疑わしき行為は批判を浴びます。透明で対等な関係は健全な競争力を高め、社会全体としてのメリットも大きくなります。

さらに、「CSR調達」の導入も広がっています（84ページ）。これは、品質・価格・納期以外に環境対応、労務管理などのCSR要素を調達時の基準に組み込むものです。中小企業にも納入先企業からある日、突然CSRの要請がくるかもしれません。

より積極的な側面としては、社会・環境に配慮した製品・サービスの提供があります。エコ商品や誰にでも使いやすいユニバーサルデザインなどはその一例です。さらに、有機農法や育児支援などがビジネスとして成り立つケースも増えてきました。

マーケット分野の取り組み内容の例

項　目	取り組み例
製品・サービスの安全・安心	● 安全基準の策定と遵守 ● 子ども、障害者、高齢者など社会的弱者への配慮 ● 商品・サービスのリコール制度
消費者対応と教育	● 公正な表示や説明 ● 苦情・要望・意見に対する専用窓口の設置 ● 個人情報の保護 ● 社会·環境配慮に関する情報の提供と教育
公正な取引・CSR 調達	● 汚職防止や公正取引慣行に関する規定の策定 ● 社員への教育、遵守状況チェック ● 取引先の調達基準への CSR 要素の組み込み
社会・環境配慮型製品・サービス	● 障害者や高齢者にも使いやすい製品（ユニバーサルデザイン） ● 環境に配慮したエコ製品・サービスの提供 ● 製品のライフサイクル全体での社会・環境配慮

11

【環境】ビジネスチャンスを見出す

エネルギーコストの削減や環境製品の開発につなげよう。

環境問題への取り組みは待ったなし

地球環境の悪化がますます深刻になるなかで、企業への要請・期待も高まっています。実態を把握し業種や負荷の度合いに応じた目標を設定して取り組むことが求められます。気候変動にかかわる地球温暖化対策では、CO_2削減が大きな課題です。事務所や工場での電力消費や営業車両の排気ガス、製品やサービスにおける間接的排出までもが対象となります。

また、日本でも排出量取引が予定され、市場原理によるCO_2削減も動き出しました。資源・エネルギー問題は、新興国の発展につれて国際的な課題となっています。経済的な影響も大きく、もはや他人事の環境問題では済まされません。これからは再生可能エネル

環境分野の取り組み項目

社会
● 地球温暖化の防止
● 持続可能な資源・エネルギーの使用
● 生態系・生物多様性の保全
要請・期待
自然環境の保全
汚染防止
環境分野のCSR
省資源・省エネルギー
気候変動への対応
取り組み効果
企業
● 環境汚染リスクの低減
● 省エネ・省資源による経費節約
● 環境対応企業としてのイメージ向上

ギー（太陽光、風力等）の導入やリサイクルなどがより重要となります。

対策が進めばビジネスチャンスにもなる

日本では、過去に公害問題の苦い経験があり、有害物質による汚染には敏感です。世界的にも規制が強まっており、欧州の環境規制は多くの製造業に影響があります。製品の全品回収にも発展しますので、自社製品だけでなく、仕入先や外注先への要請や検査もきびしくなっています。

「自然環境の保全」も重要です。原料をさかのぼれば自然資源に行き着きます。まずは、どこでどのように採取・生産されているのか関心をもつことが大事です。ひとたび生態系が破壊されれば、貴重な動植物が絶滅危機にひんし、再生できても多くの時間を要します。知らずに自然破壊に加担し、環境保護団体から批判される事態も発生しています。

こうした環境課題全般には、「環境マネジメントシステム」（ＩＳＯ１４００１など）の導入が対策となります。自社の負荷削減だけでなく、仕入先や販売先など、自社の影響が及ぶ範囲で環境に配慮した購売や使用をうながす「グリーン調達」も期待されます。

逆に、対策が進めば、コストの削減や環境製品・サービスの開発、売上への寄与など経済的にもプラスになります。今や環境ビジネスが成り立つ時代となっているのです。

環境分野の取り組み内容の例

項　目	取り組み例
汚染防止	● 大気・土壌・水域へ排出される物質の把握と削減 ● 有害物質の管理規定策定と遵守 ● 廃棄物の削減、リサイクル
気候変動への対応	● CO_2 排出量の削減目標の設定（生産活動、事務所内、輸送や移動時） ● CO_2 排出量取引への参加やその他の相殺措置の導入
省資源・省エネルギー	● エネルギー消費量の把握と削減 ● 再生可能エネルギーの利用 ● 水資源の保全
自然環境の保全	● 周辺地域の生態系保全 ● 原料調達における土地や資源の持続可能性への配慮

12

【職場】社員が能力を発揮できる環境にする

雇用の多様性、労働安全、ワーク・ライフ・バランスが求められる。

互いを尊重し、みんなが働きやすい職場をつくる

職場は社会を構成する大きな要素です。雇用を確保・維持することに加えて、職場の社会性を高め、働く人の仕事と生活、両面の充実をめざすのがCSRの考え方です。

まずは、採用から通常業務、処遇、退職にいたる、あらゆる場面において不当な差別や人権侵害がないことです。事務作業のみに従事する女性、学歴や性別による格差、セクハラやパワハラなども人権侵害に当たります。制度の有無よりも、「本人がどう感じるか」が問題です。海外拠点では民族や宗教、労働慣行の違いなどが理解しづらく要注意です。

次に、安全衛生では、身体の健康・安全はもちろん、「メンタルヘルス」も重要です。若手の人間関係やプレッシャーに対する弱さが指摘され、企業に対策が求められています。

職場分野の取り組み項目

社会
● 女性・高齢者・障害者・外国人の雇用促進
● 少子高齢化への対応
● 健康・メンタルヘルスの増進
要請・期待
ワーク・ライフ・バランス
雇用機会・人権・多様性
職場分野のCSR
公正な評価・能力開発
労働安全衛生
取り組み効果
企業
● 労働関連リスクの低減
● 働く意欲（モチベーション）の向上
● 職場の活性化

評価や処遇、能力開発もCSRの課題です。透明な評価やチャレンジ機会などで社員のやる気を向上させ、能力を発揮してもらうことが企業と社会の財産となります。企業は「社会で通用する人材」の育成の場としても重要なのです。

働く人の生活や多様性に配慮する

CSRで特に重視されるのがワーク・ライフ・バランス（仕事と生活の適正なバランス）です。長時間労働の弊害はさまざま指摘されていますが、少子高齢化が進む日本において大きな社会問題です。育児、介護、地域社会の活動などは社会にとっても大切な役割で、会社偏重からバランス型に転換しなければ社会自体が続きません。

そこで必要なのが「多様性への配慮」です。女性、高齢者、障害者、外国人など、さまざまな人が働ける職場は、社会にとっては雇用機会の拡大であり、企業にとっては働き手の確保になります。

また、企業には「社会の変化に対応しやすくなる」メリットがあります。たとえば、女性が活躍する企業では女性向けの製品やサービスが充実する、外国人雇用が進む企業では海外との取引や進出がスムーズになる、といった具合です。職場を「社会の縮図」ととらえることによりCSRは進むのです。

職場分野の取り組み内容の例

項　目	取り組み例
雇用機会・人権・多様性	● 女性、高齢者、障害者、外国人への平等な機会 ● 人権保護方針の策定 ● セクハラやパワハラなどの防止 ● アルバイトや派遣社員に対する研修・登用機会 ● 海外拠点がある場合、人権課題、労働状況のチェック
労働安全衛生	● 労働環境における安全衛生の整備 ● 作業負荷の把握、過剰労働の防止 ● メンタルヘルスの増進、相談窓口の設置
公正な評価・能力開発	● 評価基準の公開 ● 教育・研修の充実 ● キャリアパスの明示、キャリア相談 ● 社員の自発的なチャレンジ機会の提供
ワーク・ライフ・バランス	● 有給休暇の年度内取得の奨励 ● 育児・介護休暇および支援制度の充実 ● 残業時間の管理

13

【地域社会】地域経済の活性化が自社の利益にもつながる

「顔が見える」会社になれば、信頼が生まれる。

地域貢献を「社会への投資」ととらえる

「企業市民」といわれるように、企業は地域社会を支える一員です。納税・雇用などでの貢献に加えて、まちづくり、青少年育成、少子高齢化対応、市民活動支援など、地域社会の課題に応じてともに解決に取り組むことが期待されています。

まずは地域との交流が基本です。近隣住民への事業の説明や、会社や工場の見学などから始まり、経済団体などへの参加、教育や文化への支援など、かかわり方はさまざまあります。顔が見える関係になれば自然に信頼が生まれます。

次に、経済的支援としての寄付やスポンサーがあります。単なる付き合いではなく、地域にとって効果の高い「社会への投資」として方針をもつことが大切です。ワイロなどを

地域社会分野の取り組み項目

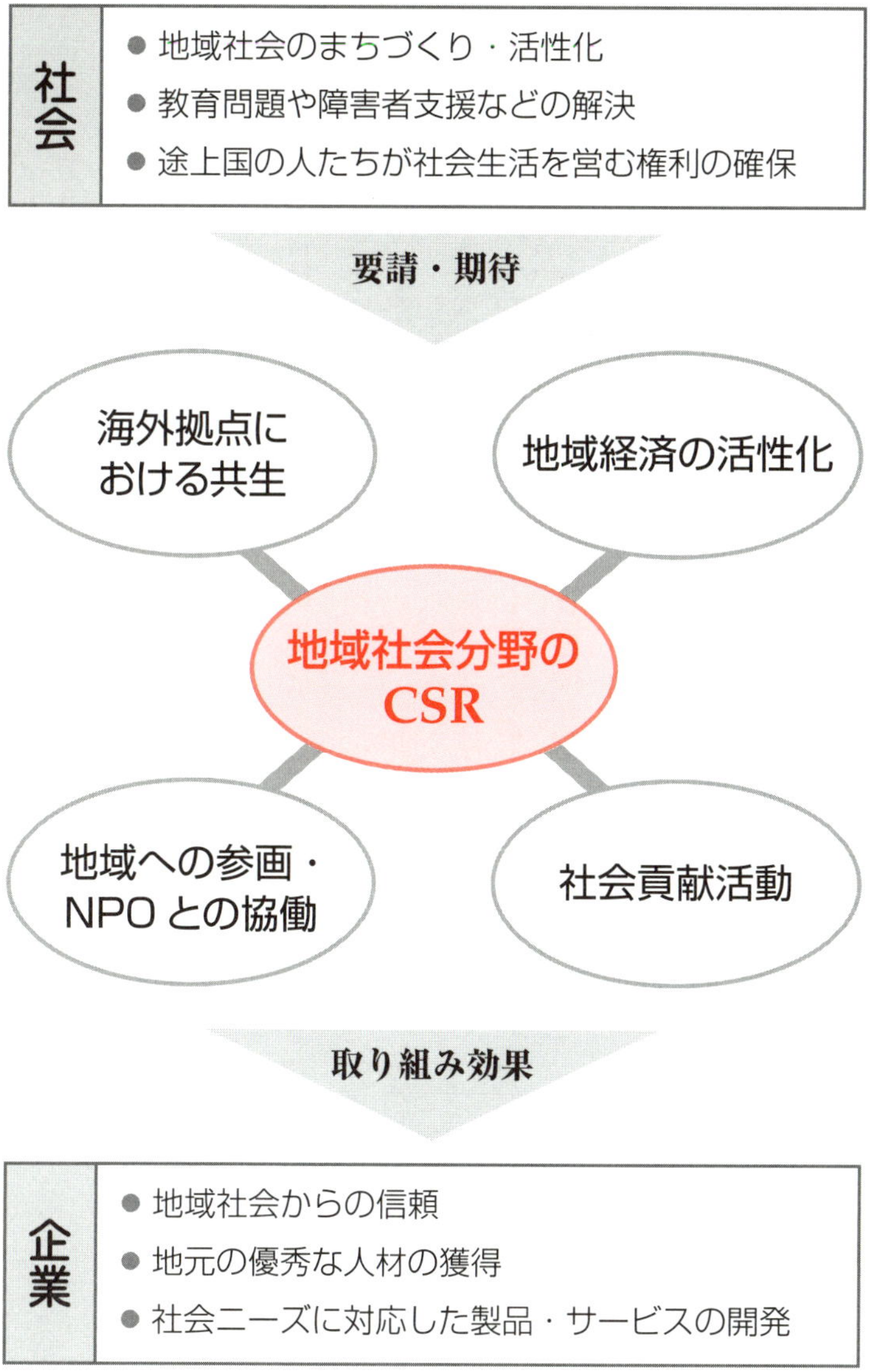

社会
● 地域社会のまちづくり・活性化
● 教育問題や障害者支援などの解決
● 途上国の人たちが社会生活を営む権利の確保
要請・期待
海外拠点における共生
地域経済の活性化
地域社会分野のCSR
地域への参画・NPOとの協働
社会貢献活動
取り組み効果
企業
● 地域社会からの信頼
● 地元の優秀な人材の獲得
● 社会ニーズに対応した製品・サービスの開発

疑われるような関係がある場合は、断ち切る機会にもなります。

地域貢献から自社の特色を出す

自社の資源や事業を活かした貢献は、自社の特色を出せるだけでなく、地域経済の活性化につながり、地域との関係がより深まるでしょう。

会議室を自社事業と関連のある分野のNPOや研究会に貸す、製品や技術・ノウハウを提供する、学校の授業に協力するなどは一例です。

自社事業の宣伝効果やマーケティング、製品開発、人材獲得につながる可能性がありま す。製品開発でNPOとパートナーを組むケースも出てきました。

社員のボランティア活動は今後ますます重要になってきます。企業が社会と共生するためには社員一人ひとりが社会との接点を増やし、「社会的センス」を磨くのが重要だからです。これが企業理念とつながればCSRがしっかり根づくでしょう。

また、海外拠点は国内とは違った注意が必要です。地域の文化・環境・社会的状況を把握するために、より積極的に交流して人と人との信頼関係を築くことが大切になります。

現地にネットワークをもつ国際NGOや地元NPOへの支援・協業は、貴重な情報源となるでしょう。表面的ではなく現地の発展に貢献する姿勢が強い信頼につながります。

地域社会分野の取り組み内容の例

項　目	取り組み例
経済の活性化	● 自社の技術や人材を社会基盤のために投資 ● 地域経済が自立できるような地元での取り引き ● 事業の展開による雇用の創出
社会貢献活動	● 社会貢献活動の方針策定 ● 地域の行事、イベントなどへの協力、参加 ● 教育・芸術などへのスポンサー
地域活動への参画・NPOとの協働	● 地元経済団体などへの参加 ● 社員のボランティア活動促進 ● 場所、機材、商品などのNPOへの提供 ● NPOや地域団体との協働プロジェクト
海外拠点における共生	● 途上国での貧困削減につながるビジネスによる支援 ● 文化遺産保存、地域振興などへの協力、参加 ● 国際NGOなどとの連携

COLUMN

CSR実践のポイント❷

持続可能な社会とCSR

◆持続可能な発展とは

「企業の社会的責任」は日本でも今に始まったことではありませんが、「CSR」は読んで字のごとく横文字でヨーロッパから広がってきた概念です。この根本にある考えが「持続可能な発展」です。少しなじみにくい言葉ですが、1987年に国連より、

「将来の世代のニーズを充足する能力を損なうことなしに、今日の世代のニーズを満たしうるような発展」

と定義されたものです。

◆将来の企業活動のために

かんたんにいうと、「目先の経済成長だけを優先するのではなく、社会や環境の分野を考慮してバランスのとれた成長をめざそう」というものです。この本では「持続可能な社会」といっています。

私たちの住む社会では、気候変動問題が深刻化するなど地球レベルで問題が広がっています。企業も社会の一員ですから、社会が持続可能でなければ、会社も永続的に成長することは難しくなるのです。

国連や政府だけが社会・環境課題に取り組めばいいのではなく、企業もその範囲で役割を果たしていく、これがCSRの基本の考えです。

第3章

実践するための7つの視点

14 「企業理念」を軸にする

本業を通じた実践が、企業価値の創造につながる。

社会に対して会社の姿勢を表明する

ＣＳＲの領域は広範囲にまたがっていますが、かんたんにいうと、「持続可能な社会に向けて、社会が抱える課題について事業活動を通して解決していくこと」といえます。これを実践するには、一人ひとりの行動に「軸」が必要です。その軸の最上位に位置するのが「企業理念」です。

そこで、まず企業理念を見直し、社会の変化に対応しているかチェックしたうえで、誰でも理解できるよう明文化することが意味をもってきます。

多くの日本企業は創業時より企業理念を定め、そのなかに「事業によって社会に貢献する」といった趣旨の文言が盛り込まれています。つまり、「自社の企業理念に立ち返ること」

CSRマネジメントの基本要素

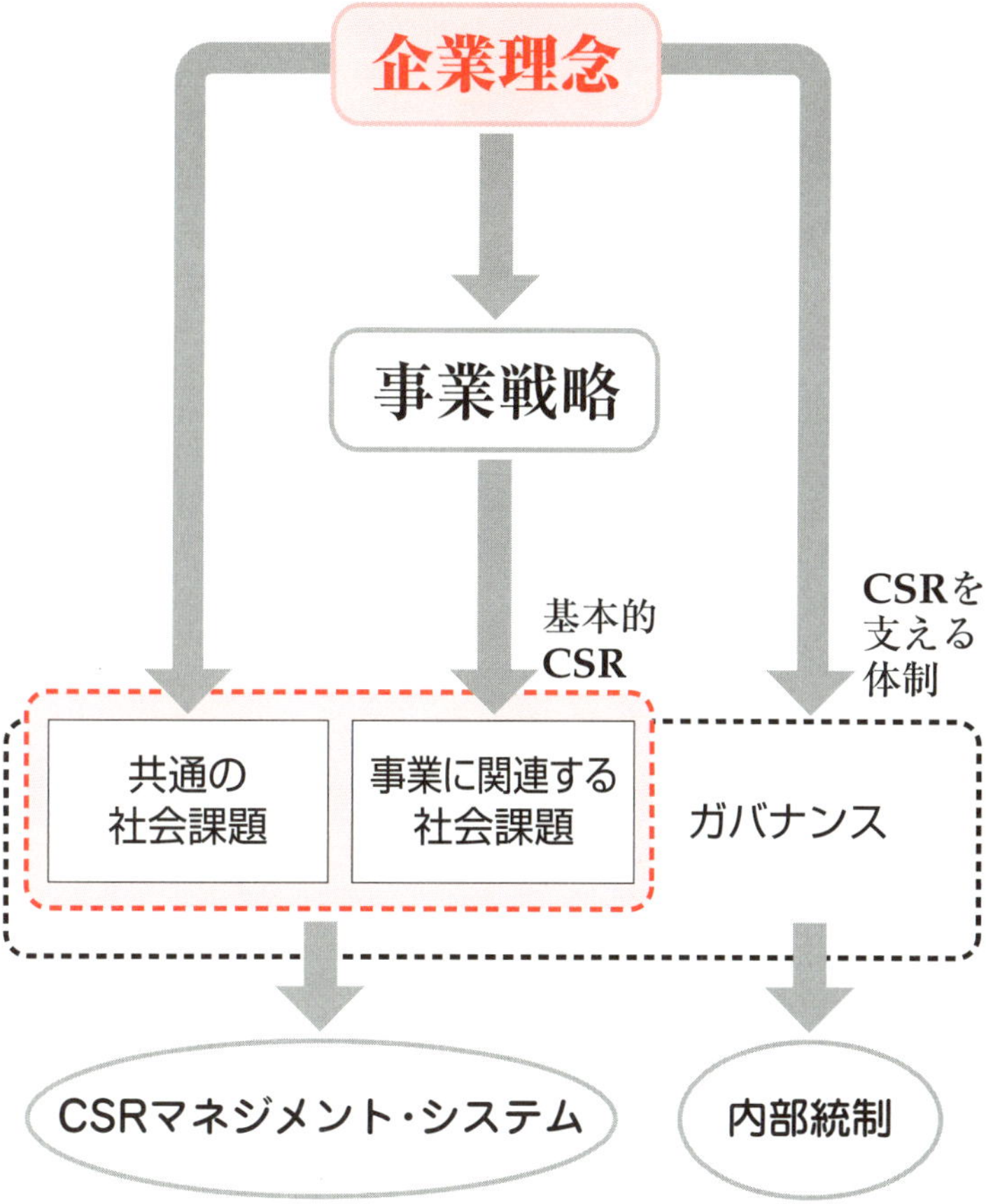

企業理念をカタチだけで終わらせないためには、事業戦略にこのスタンスがしっかり反映されていることが必要。

がＣＳＲの根本ともいえるのです。

ＣＳＲは「将来への投資」と考える

ＣＳＲの取り組みとは、企業理念から発し、事業戦略や事業計画のなかに組み込まれていく行動です。事業のなかで社会へのマイナス影響を減らす一方で、社会にプラスとなる便益をつくり出し、提供していくことが求められているのです。ガバナンスはそのための仕組みであり、内部統制の整備などがこれに含まれます。

ＣＳＲを社会貢献と同じレベルで考えるケースもしばしば見られますが、社会貢献とは異なり、「事業活動における社会とのかかわり」といえます。社会が持続的に発展していけるからこそ、企業もその基盤の上でビジネスを継続していけるのです。

企業活動の経済面と社会面への配慮は、相互に関連し合い、一体化しているといえます。世界中で持続可能な社会に向けた企業の取り組みが強調されているのはこのためです。

このような背景から、ＣＳＲに取り組むうえで留意すべきなのは「コストととらえる」のではなく、「将来に向けた投資である」と考えることなのです。社会のニーズや変化をとらえることで新しい市場を創造でき、さらに社内の変革のきっかけにもなります。つまり、ＣＳＲは本業を通じた実践によってこそ、価値創造に結びつくのです。

企業理念にもとづく企業価値をどう創造していくか

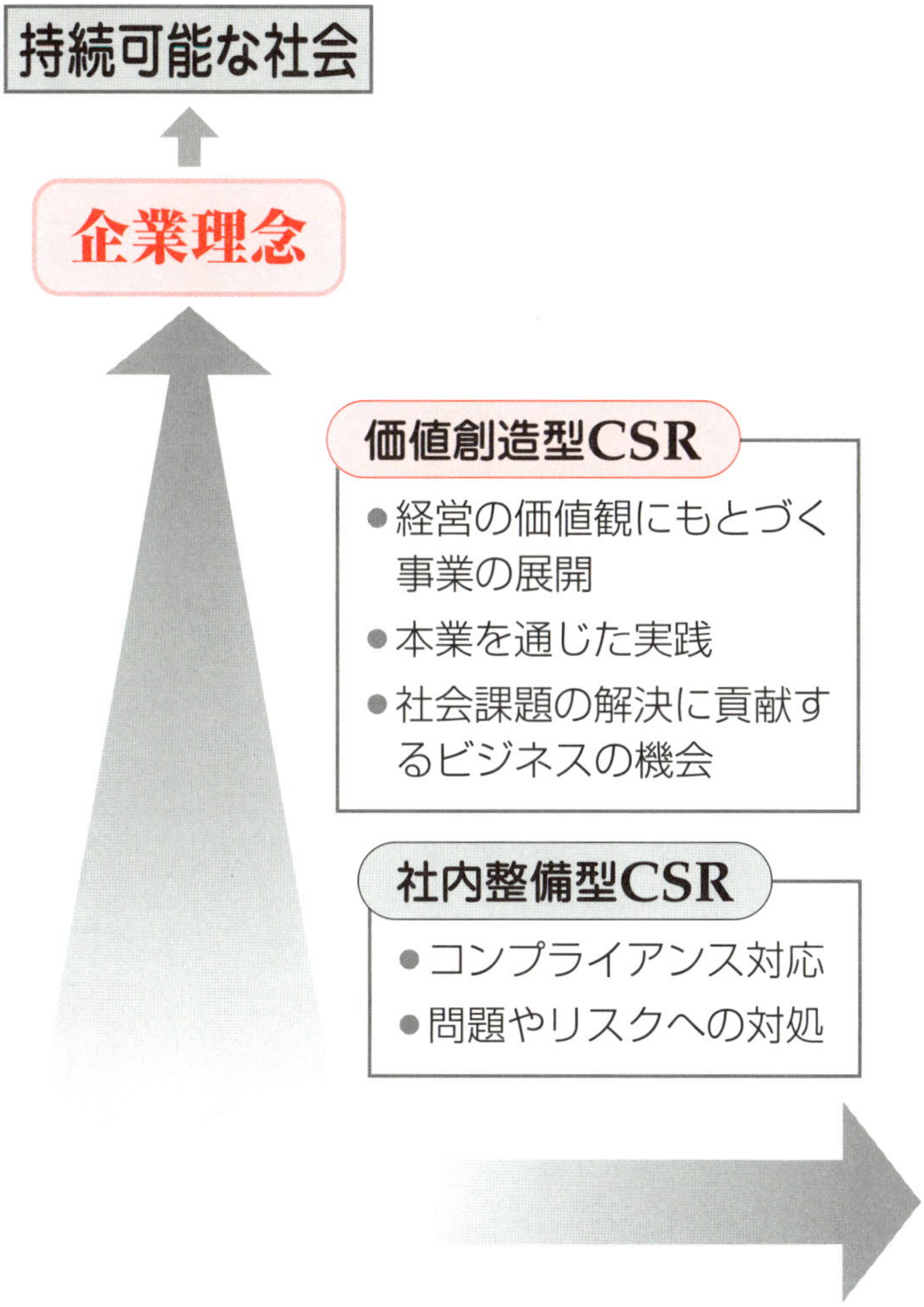

将来への投資と考え、価値を創造していくCSRが柱になる。

15 企業理念を「体系化」させる

企業理念を明文化して、全社員で共有しよう。

「なぜCSRが必要なのか?」を共有化する

企業理念で重要となるのは、「社内外に企業の使命と活動のしかたを宣言する」ことであり、「社員みんなが共有すべき基本的価値観を示す」ことです。創業当時から企業理念があった会社でも、昔の経営環境でつくられた理念が現在の社会の期待とずれていることも多いのです。ここからチェックしていきましょう。

まず、社会と事業のかかわりをもう一度分析・整理・確認し、経営の基本姿勢を理念として再検討してください。

この見直しは、企業理念を修正すること自体が目的ではありません。各社にある企業理念のなかに、「持続可能な社会に向けてステークホルダーに配慮をする」といった今日の

理念と計画の関係

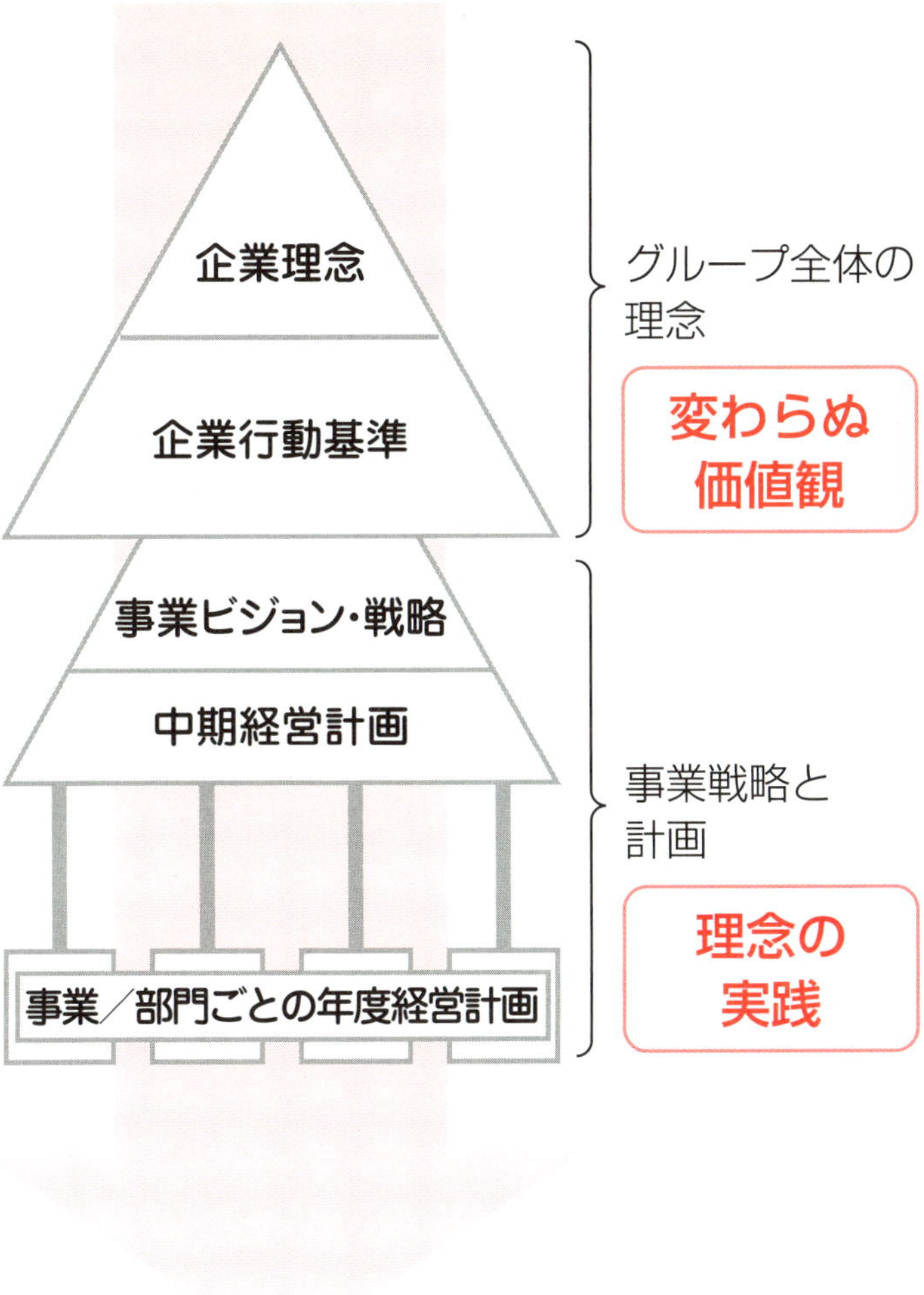

企業理念
企業行動基準
事業ビジョン・戦略
中期経営計画
事業／部門ごとの年度経営計画
グループ全体の理念
変わらぬ価値観
事業戦略と計画
理念の実践

ＣＳＲのツボを盛り込むことで、全社員と共有していきます。

企業行動基準の作成は周知・徹底につながる

次に、企業理念を「どのようにＣＳＲを進めるのか？（How to）」に落としたものが「企業行動基準」です。これ以外にも、「行動憲章」「行動規範」「倫理基準」などさまざまな呼び方がありますが、ここではそれらを総称して「企業行動基準」と呼びます。

行動基準は企業理念とあわせて、長期的に会社として変わらない価値観を明示しておくものです。社員の日々の活動のあり方を規定し、具体的な行動の方向を示すものであり、事業戦略やその計画・実践は、すべてこの理念体系に関連づけられるものです。

このように、理念から計画にわたって一貫性をもつことで、企業理念の実践――つまり、ＣＳＲの日々の展開ができるのです。

行動基準の対象は、本社／全社だけでなく、海外や関連会社を含めたグループ全体まで含めるようにします。目先の業務に関連することばかりでなく、むしろ長期的な視点に立ち、「自社の事業に関連した内容にする」ことが行動基準作成のポイントです。一般的な表現では、事業計画や社員の行動に結びつきにくく、浸透・徹底しにくくなるので、自社らしさの工夫をしてみましょう。

企業理念の3つの機能

1 経営者の企業使命と役割認識の「よりどころ」としての機能

企業本来の使命とその達成のために経営者が果たすべき役割を認識させ、経営のための正しい意思決定をうながす

2 企業の経営思想を内外に表明する機能

企業が社会の一員としてどのような存在をめざし、経営者はどのような方針・姿勢で経営をし、社員一人ひとりがどのように行動すべきかを内外に表明する

3 社員の結束を強化し主体的な活動をうながす機能

単に雇用関係であるにとどまらない精神的な結びつきの強い人間集団を形成し、個々に組織のなかでみずからが担うべき役割を認識させ、主体的行動をうながす

企業理念を定めておくことで、「自社のあり方」にもとづいた判断ができ、さらにこれを公表することで社会からの理解をより深めることにつながる。

10

「企業倫理」と「リスク」の関係を整理する

CSRリスクが発展するとビジネスリスクにつながる。

企業倫理がガバナンスの根底となる

CSRとの関連で、「企業倫理の遵守」や「リスクマネジメント」が話題に上ります。そこで、両者との関係性をよく整理しておきましょう。

まず、CSRの構成を、「基本的CSR」とその体制である「ガバナンス」、さらに、その上に自社事業と関連づけた「戦略的CSR」（詳細は88ページ）を加えたピラミッド構造で考えてみます（左図）。

このなかで企業倫理とは守らなければならない義務的な部分のなかでも最も基本のもので、この三角形の根底部にあたります。

この章の最初でCSRとガバナンスの関係を説明しましたが、企業倫理はそのなかに含

企業倫理とCSRの関係

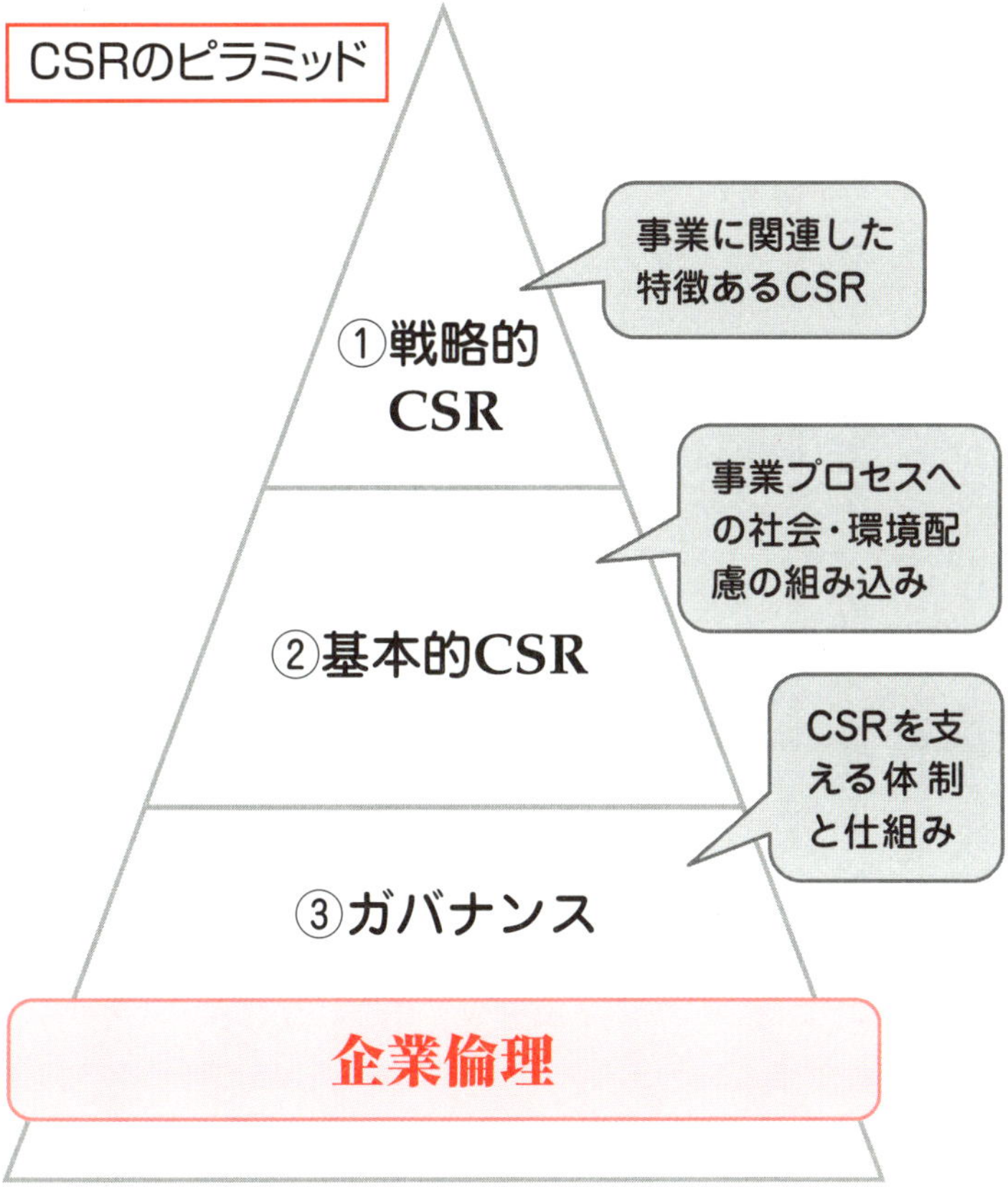

企業倫理は「自社の企業理念に立ち返る」ことの実践であり、ガバナンスの基礎ともいえる。

まれるもので、CSRを支える「体制の根本」となります。

CSR課題がビジネスのリスクになる

リスクマネジメントは、内部統制の一つの領域であり、事業継続や収益に直結するさまざまなリスク（「ビジネスリスク」と呼びます）を対象としています。ところが最近では、これまでのリスクカテゴリーでは考えられなかったような新たなリスク要因が問題になっています。その多くは社会との接点における課題です。

ステークホルダーの関心度が強くなってきたことから起こることで、こうしたリスクを「CSRリスク」と呼ぶこととします。

新しいタイプのリスクと考えられていましたが、社会からの要請が強くなれば管理の必要性が高まってきます。これがさらに発展し、法律で規制されるようになれば、一般的なビジネスリスクへと認識されていきます。

個人情報の保護はその典型例で、ほんの数年前までは社員の自発的な認識で済んでいたものですが、今日では個人情報保護法のもとで厳格に統制されています。自社だけでなく、取引先での問題発生も顕著になっていることから、取引先にも厳重に求めるようになり、現在ではリスクマネジメントの重点項目ともなっています。

ビジネスリスクとCSRリスクの関係

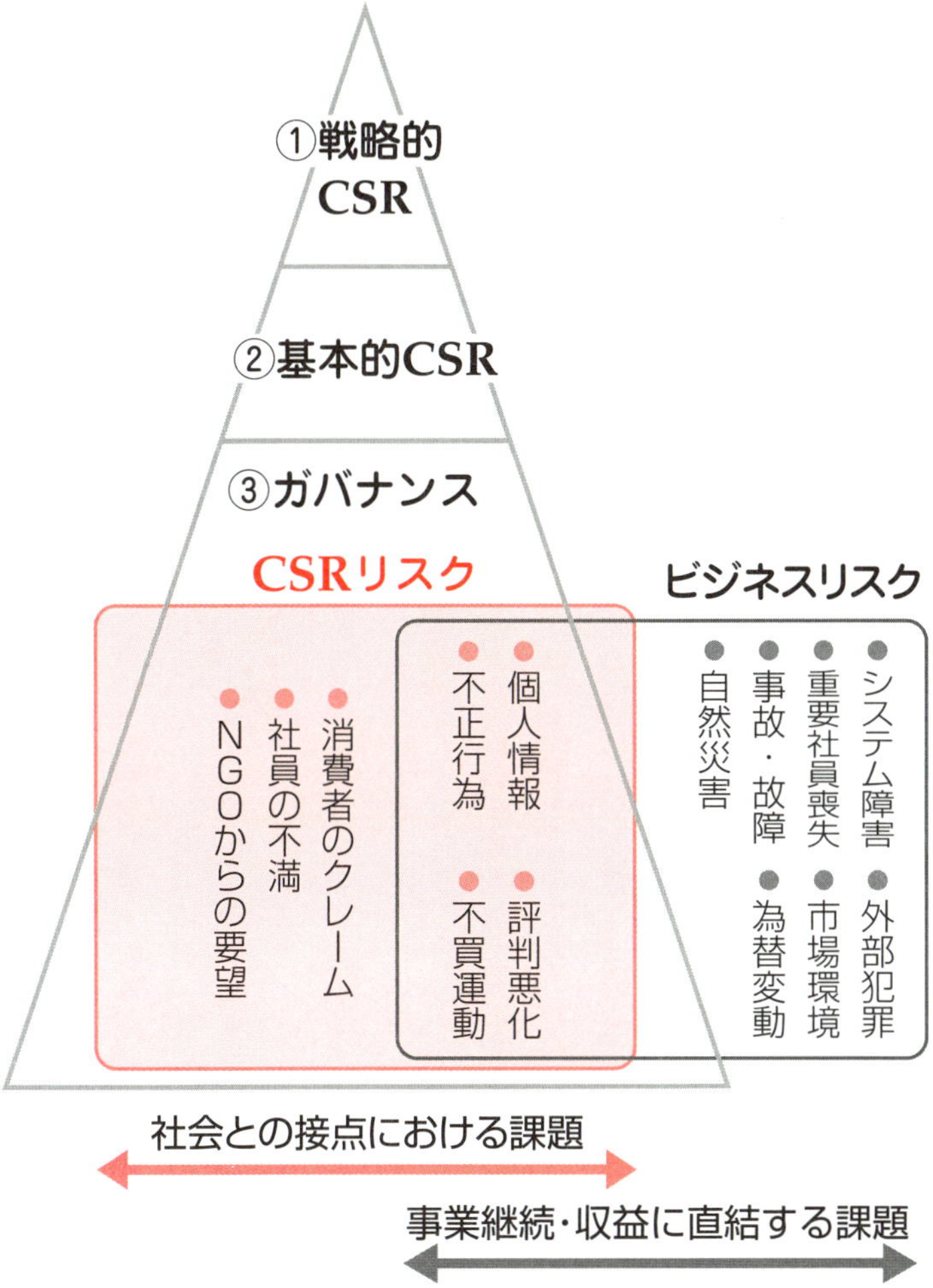

これまでのリスクにはなかった社会との接点における課題が、新たなリスクになっている。

17 「ステークホルダー」に注目する

社内の体制整備よりも、社会とのかかわりが大事。

ステークホルダーとの対話が基本

持続可能性にかかわる社会課題は、単独の企業だけで対処できるものではありません。そこで、CSRを考え実行する際には、ステークホルダーからの視点をベースとし、コミュニケーションを円滑にし、さらに協働して取り組む姿勢が求められます。

企業を取り巻くステークホルダーは多種多様です。業種や企業の戦略、業務プロセスなどによって、ステークホルダーの優先順位やどう向き合うかといった、かかわり方が異なってきます。ステークホルダーを敵対的な存在や、クレームをつきつけてくる「やっかいな存在」とだけ考えるのでなく、「彼らの声が社会の利害に直結しており、世の中のニーズである」と考えを切り替えることが重要です。

企業を取り巻くさまざまなステークホルダー

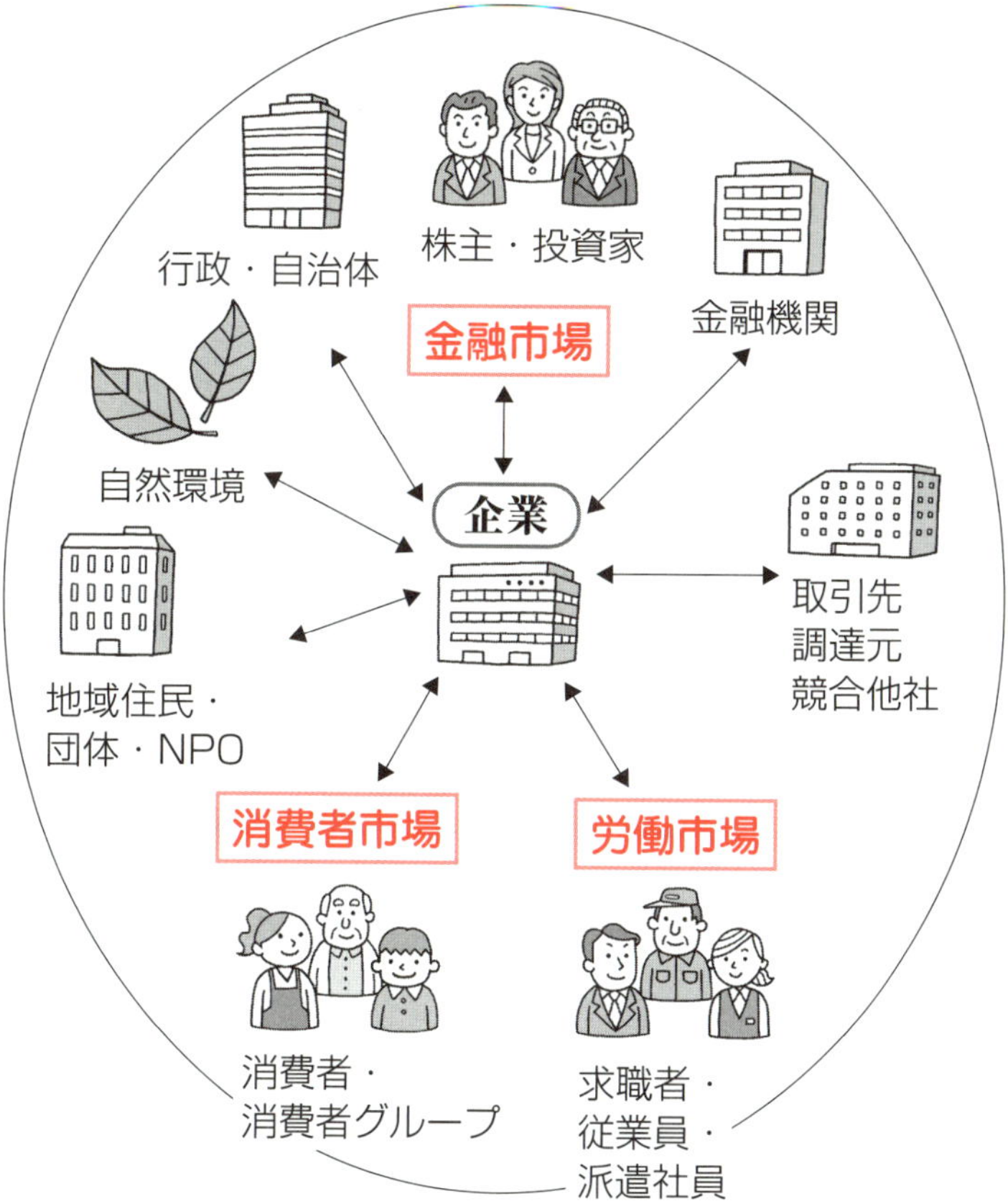

消費者や地域住民といった従来からの利害関係者だけでなく、資本市場や取引先にまで広がり、多様化している。

そのための方法として、ステークホルダーと対話していくことがCSRの基本原則です。これは「ステークホルダーエンゲージメント」と呼ばれています。

「社会の目」を意識した経営が必要になる

日本ではこれまで、NGOや消費者、市民の声を直接くみ上げる仕組みが弱かったといえます。そのため、NGOからの指摘などは海外では見られるものの、あまり日本企業には経験のないことでした。しかし、日本国内でも噴出している社会問題は行政だけが対応すべきものではなく、企業も協力していかなければならないものです。

たとえば、日本の消費者はあからさまに不買運動をする動きが少ないですが、企業に信頼がなければ、暗黙のうちに商品やサービスから離れていくという傾向があります。また、若い世代の働き方を見てみると、職場環境に不満があったり、やりがいが十分に得られないと感じれば、転職を躊躇《ちゅうちょ》しない今日です。これまで以上にステークホルダーという視点でもって対応していくことが必須になっています。

気がついたら誰も買わなくなっていた、社員が次々に辞めてしまった、という事態に陥らないためにも、ステークホルダーである社会の目に向きあうことは企業にとって必要な行動なのです。

CSRは「社会と共生する」意志の実践

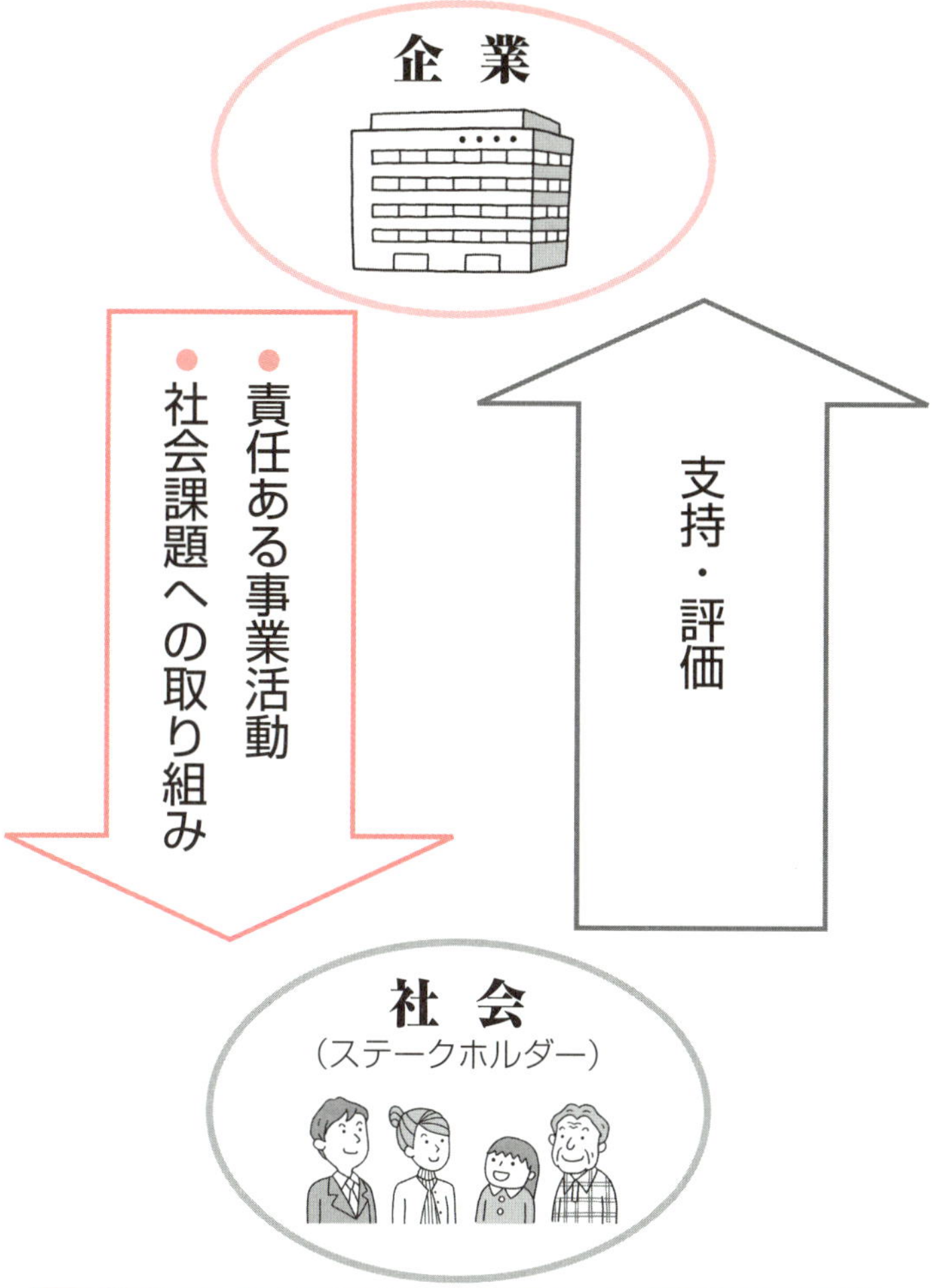

「社会と共生する」ことは、ステークホルダーに対して責任ある行動をし、それによって企業が信頼を得るということ。

18 「CSR調達」に備える

委託先などの間接的な業務管理でもCSRが必要になる。

海外の生産現場でのCSR

外部業者へのアウトソーシング（外部委託）や製造工程でのOEM供給など、他社でつくられたものを販売するケースが多くなっています。

たとえ自社の工場で製造されていなくても、会社のブランドがついている製品であれば、消費者はその会社がつくったと考えるものです。アウトソーシングしている場合、その工場の管理業務は委託先の責任になりますが、問題が発生すれば最終販売者である日本の会社が社会的に問題視されるのです。

特に、日本国内よりも途上国・新興国の生産現場は要注意です。製造業者の間では、購入する部品や原料に有害物質が含まれていないかなどを管理する「グリーン調達」が浸透

間接的な影響を及ぼす範囲

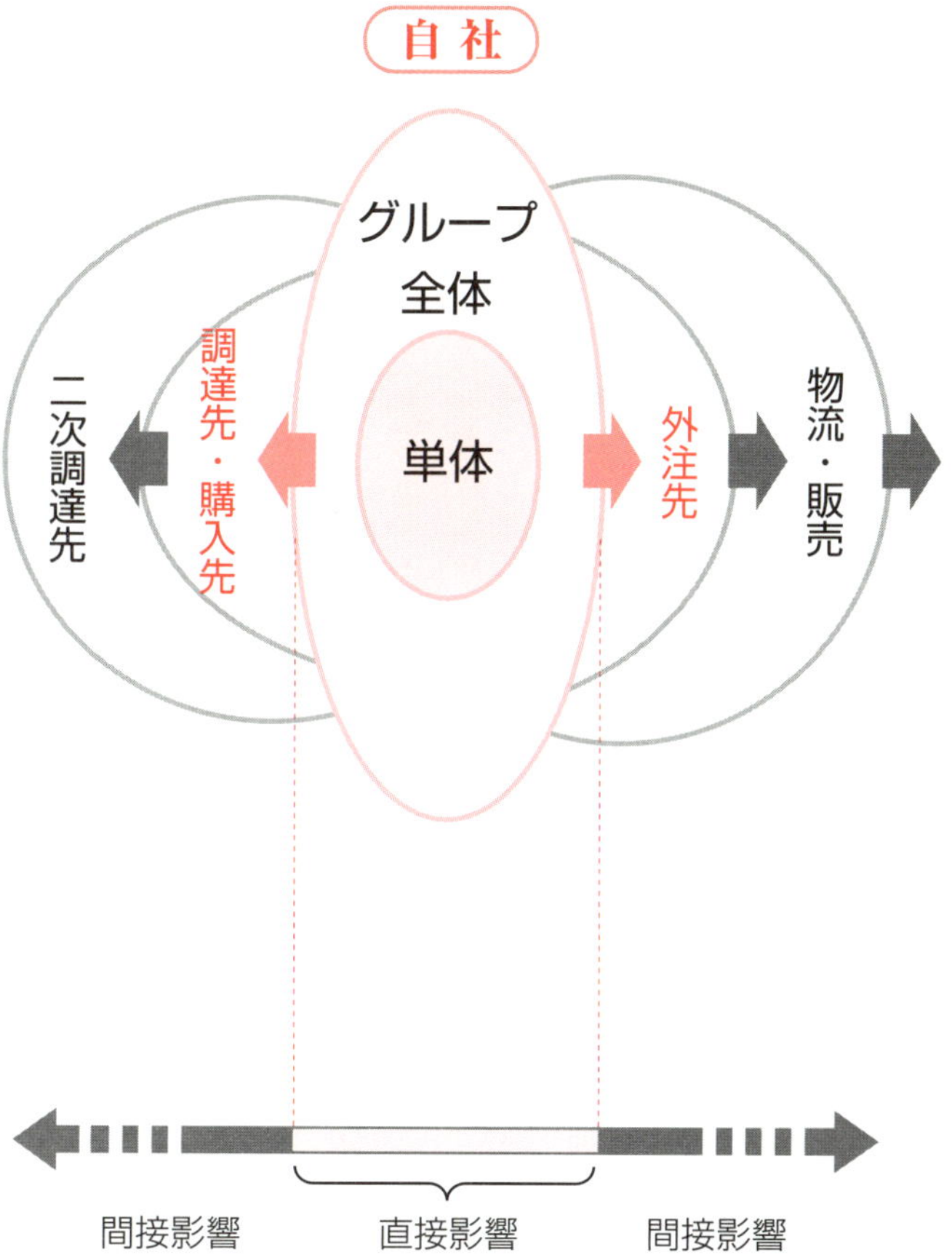

関係する国内外のグループ会社だけでなく、調達先や外注先までCSRが求められる。

していますが、これに加え、現場での労務・安全衛生管理、そして、コンプライアンスなどを要請する「CSR調達」の動きも広がっています。

グリーン調達からCSR調達へ拡大させる

今日のサプライチェーンは、原料メーカーや材料メーカー、部品メーカー、商社、卸業者など、さまざまな機能が分化してつながっているため、とても複雑になっています。そのため、川下側の企業では、実際にどのような流れを経て原料や部品が自社に到達してきたのか、わからないまま最終製品が売られています。

まずは、自社と直接取引のあるサプライヤーの実情をしっかり把握しておくことです。そして、これまでの取引の基準であるQCD（品質、コスト、納期）に加え、社会や環境要因が重要になっていることをサプライヤーに伝えていきます。一方的に強制するのでなく、困難があれば、どう取り組んだらいいかをアドバイスしていくことが大切です。

CSRを進める企業の多くは、自発的に取り組むというよりも取引先からCSRの要請を求められ、そこから始めるという事例がほとんどです。CSR調達については、日本よりも欧米で先行してきた経緯があり、この場合、現地工場で欧米顧客企業から監査を受けることも珍しくありません。この状況をよくふまえたうえで、要請に備えておきましょう。

複雑化するサプライチェーン

サプライチェーン

原材料から部品、製品の生産を経て、最終消費者の手に渡るまでの事業活動の流れ

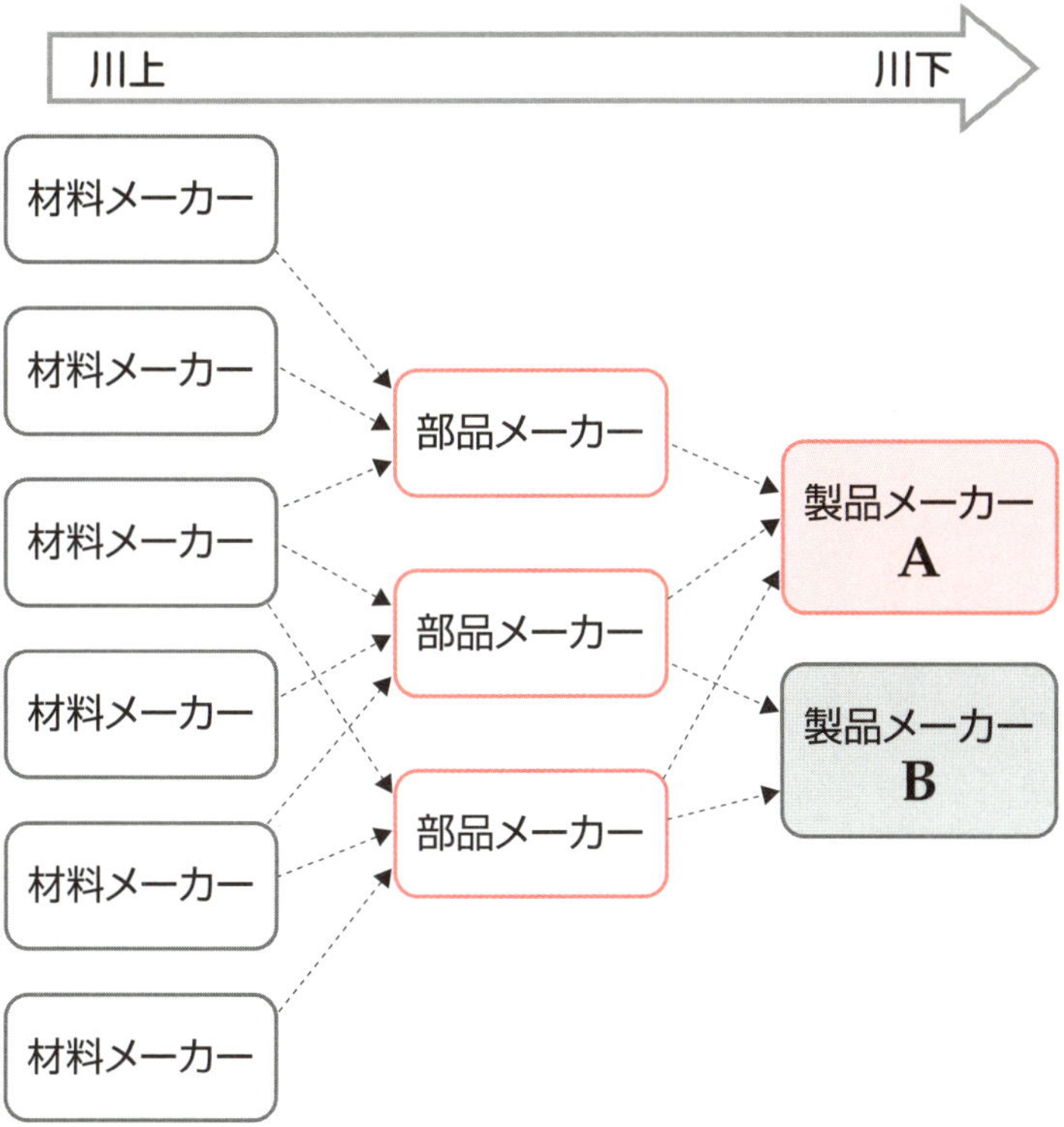

川上の材料メーカーが起こした問題はその先のチェーンすべてに広がり、多数の製品に影響していく危険をはらんでいる。

19

「戦略的CSR」を展開する

プラス思考のCSRは、新たなビジネスを創り出す。

「戦略的CSR」でビジネスを生み出す

現在のCSRの枠組みはISO26000に集約されつつありますが、国際規格で規定するCSRは、世界で共通した基本的な項目をカバーするものです。この基本的CSRは、リスクへの対応から始まるケースが多く、企業としての特徴が出しにくい、あるいは出す必要のないCSRともいえます。

それればかりでなく、CSRを新たな市場の機会とするプラス思考の「戦略的CSR」で、自社の事業に関連した特徴ある要素を戦略的に位置づけることも重要なCSR展開です。

戦略的CSRには、まず、収益に直結するビジネスの創出として、「社会課題に対応する事業」があげられます。社会ニーズを満たす製品やサービスを事業化していくことです。

戦略的CSRへの発展

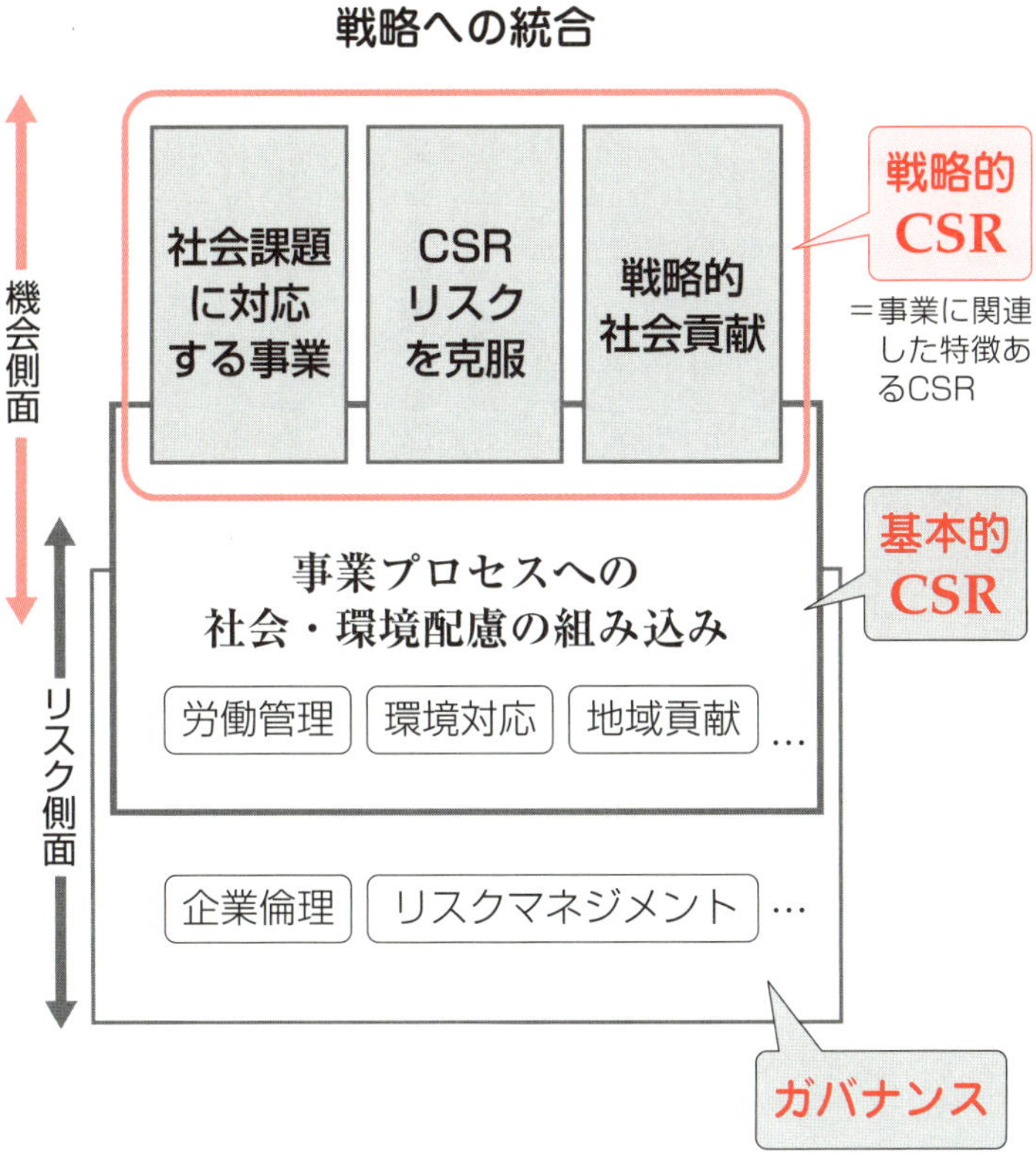

「戦略的CSR」は、もはやCSRの領域を超えているともいえる。
「収益性」と「社会性」の両者が実現できれば、CSRの理解はもっと広がる。

クリーンエネルギーや低公害車の開発に始まる環境ビジネスは、わかりやすい例でしょう。また、ユニバーサルデザインは、社会ニーズを実現した商品といえます。

また、既存の事業の中にCSRを組み込むだけでなく、社会問題の解決のためにベンチャー事業を起業するという社会起業家もあらわれてきました。大企業よりも小回りのきく小規模会社のほうが、社会ビジネスに適しているケースが多いのです。

リスクを克服すること自体がチャンスになる

かといって、CSRのリスク面を根本的に排除できるわけではないので、そのような場合には「リスクを克服して機会にする」という考え方に切り替えることによって、戦略性に光をあてることが考えられます。

たとえば、自動車の排ガス規制の強化に迅速に対応するなど競合他社よりも先んじて問題解決に向けた手を打つことで、戦略上の意味が強まってきます。

さらに、社会貢献活動においても、事業の将来的な発展に寄与する道筋がもてれば、戦略的なとらえ方が可能になるでしょう。新興国での事業と関連するボランティア活動を展開することは、ブランドを認知してもらう策ともいえ、地域で信頼を得ることで、その地域が将来の消費者として事業展開の基盤になるともいえます。

日本での戦略的CSRの例

■ ソーシャル・ビジネス（社会ビジネス）

- つなげる糸リサイクル・プログラム
  （パタゴニア日本支社、帝人ファイバー株式会社）
- 障害者クロネコメール便配達事業
  （財団法人ヤマト福祉財団、ヤマト運輸株式会社）
- 大企業との協働による障害者雇用
  （太陽の家グループ）
- 有機野菜の流通・販売
  （大地を守る会―株式会社大地）

■ ソーシャル・ベンチャー・ビジネス（社会起業プロジェクト）

- 子育てタクシー事業
  （NPO法人わははネット）
- 合鴨農業プロジェクト
  （古野農場）
- 豆腐事業を中心とした障害者雇用
  （任意団体はらから会―社会福祉法人はらから福祉会）

出典：NPO法人ソーシャル・イノベーション・ジャパンのホームページより

身近に問題と感じていることをビジネスで解決する方策はいくらでもある。大企業がNPOやベンチャーと協業するスタイルも多い。

20 展開の基本は「PDCA」

組織的、計画的、継続的に取り組むことが競争力になる。

まずはトップからCSRを始める

CSRの実践にあたっては、自社がもつ社会・環境の課題に組織的、計画的、継続的に取り組むことが重要です。

経営の基本とは、計画（Plan）→実行（Do）→チェック（Check）→アクション（Action）の「PDCAサイクル」を回すことであり、CSRについても、関係する各分野についてPDCAサイクルが回っていくことが基本です。

まずは、経営トップがCSRにかかわることからCSRマネジメントは始まります。この「コミットメント」とは、「必達する意志」のことです。

ですから、社員やグループ会社に対してCSR実践の重要性を知らしめ、経営トップの

CSRマネジメントの全体図

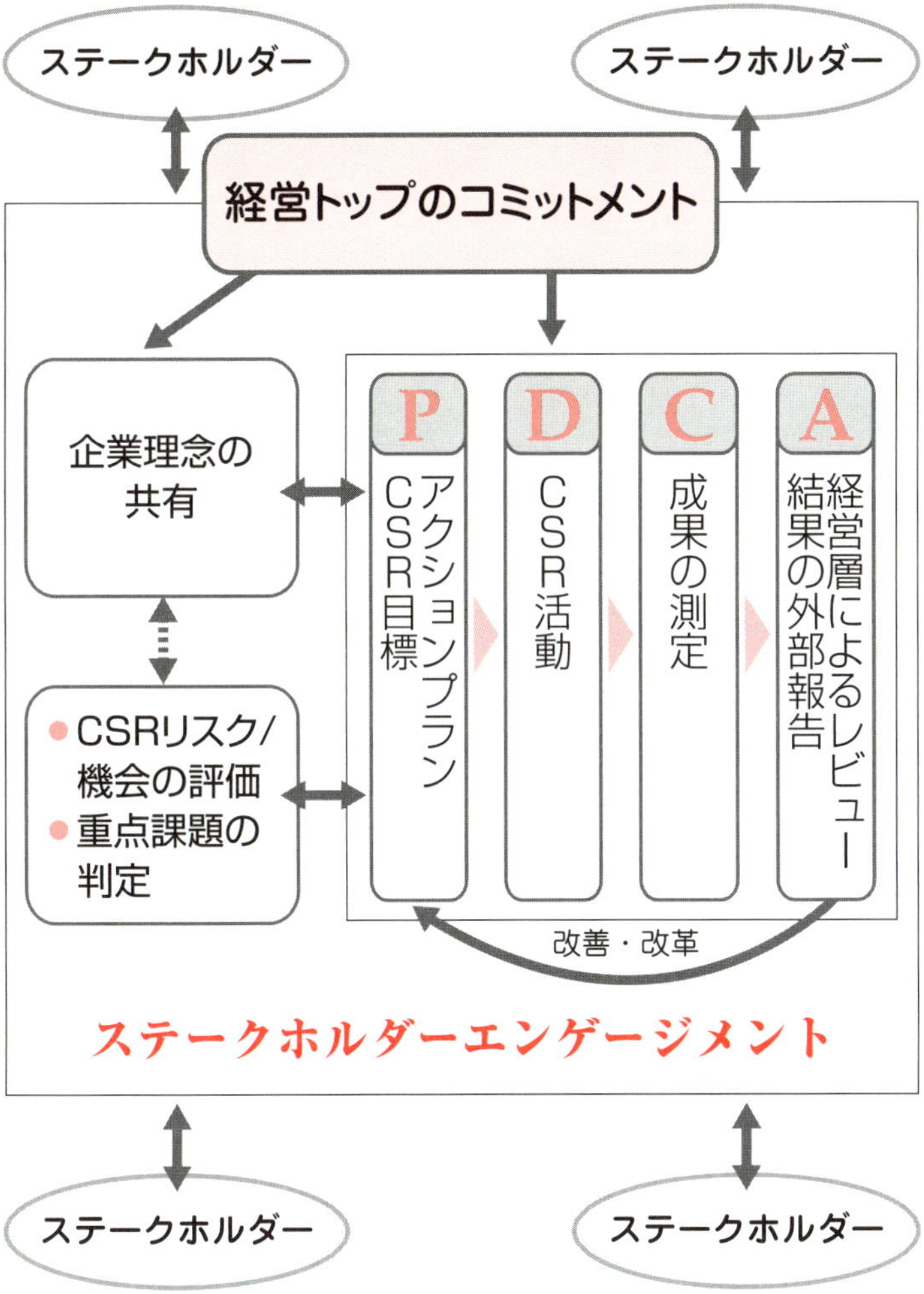

PDCAの全プロセスでステークホルダーを意識し、コミュニケーションと連携を図る。

本気度を示すことが求められるのであり、これによって社内のＣＳＲマインドを高めることにつながります。

あらゆる場面でステークホルダーと接する

ＣＳＲマネジメントで特徴的なことは、ステークホルダーとのコミュニケーションを常に意識し、経営のＰＤＣＡサイクルそれぞれのステップで対応していくことです。

具体的には、まず対話によって「お互いの信頼」を築くことです。そして、より進んだ展開として、協力関係を実践に組み込んでいきましょう。双方にとってのプラスになる道を探っていくこと、これがステークホルダーエンゲージメント（82ページ）です。

ＰＤＣＡの最初のステップである「ＣＳＲの活動計画を策定する」ためには、まず現状分析から始めます。このプロセスは、この先の実践のうえでとても重要な作業なので、第4章でくわしくご説明します。

そして、ＣＳＲマネジメントで重視されるのは、ステークホルダーへの情報開示です。多くの企業がＣＳＲ報告書によって活動の成果を公表しています。さらに、活動後の評価を経営トップがレビューすることで一巡します。これはコミットメントがどのくらい実現したかをトップ自らが評価するものといえます。

実践にあたってのポイント―まとめ

CSRとは経営に組み込まれたものである

経営トップから率先して始める

「本業」のなかでCSRを実践せよ

本来業務のなかに社会・環境配慮を組み込む

PDCAで回せ

マネジメントシステムという枠組みを使ってCSRを実践する

測れないものは管理できない……「指標化」を考えよ

目標設定の際に指標化し、評価できるようにする

自社のためのCSRを

まずは自己評価のマネジメントを展開することが先決

COLUMN

CSR実践のポイント❸

身近なことがCSRにつながっている

◆コンビニで買物をするとき

雑誌、お弁当、日用品など、さまざまな商品がすぐ手に入るコンビニからCSRを考えてみましょう。

雑誌は紙が使われていて、その原料は木材です。では紙はどのようにつくられているのでしょうか。その原料の木材はどこで伐採されたものでしょうか。

製紙工場の近隣住民は公害がないか心配です。貴重な熱帯雨林の伐採も気になります。このように雑誌一冊からもCSRにつながります。

◆CSRとは世の中とのつながりを考えること

みなさんの会社の事業にあてはめてみてください。あなたの仕入れた品物は、途上国の劣悪な労働状況下でつくられたものかもしれません。

遠い世界に感じますが、身近なことからたどっていくと、さまざまな社会の課題とつながっているのです。

お昼に食べるお弁当では野菜の農薬が心配です。うなぎは産地が偽装されていないでしょうか。まぐろの減少も心配です。輸入食材では輸送で多量のCO_2が排出されています。

あなたの買ったお弁当からも、CSRとのつながりが見えてきます。

第4章
課題を把握・分析する【実践編①】

- ㉑「自社にとってのCSR」を知る
- ㉒分析と評価の流れをつかむ
- ㉓事業プロセスでの課題を把握する
- ㉔リスクと機会に分類する
- ㉕外部要因を分析する
- ㉖内部要因を分析する
- ㉗取り組み課題の優先度を判定する
- ㉘推進に向けた計画をつくる

21 「自社にとってのＣＳＲ」を知る

まず、どこまでできているか／できていないかをチェックする。

「大事なステークホルダーは誰か？」を知る

実際に会社のなかでＣＳＲを展開するうえでは、まず、それぞれの会社にとってＣＳＲについての現状を把握することから始めます。

会社の周りを見回してみると、消費者、地域の住民、労働組合など、非常に多くのさまざまな人たちが、かかわり合いをもっていることに気づくでしょう。このような人たちは、すべてステークホルダーです。ステークホルダーの種類と数が増えれば、会社にとっては対応すべき課題の数や領域は広がっていきます。

そして、会社側の姿勢には、できる限り情報を開示し、きちんと説明をするなど、透明性が求められるので、やらなければならないことが山積みになっていきます。

社内と社外からの要請に対応

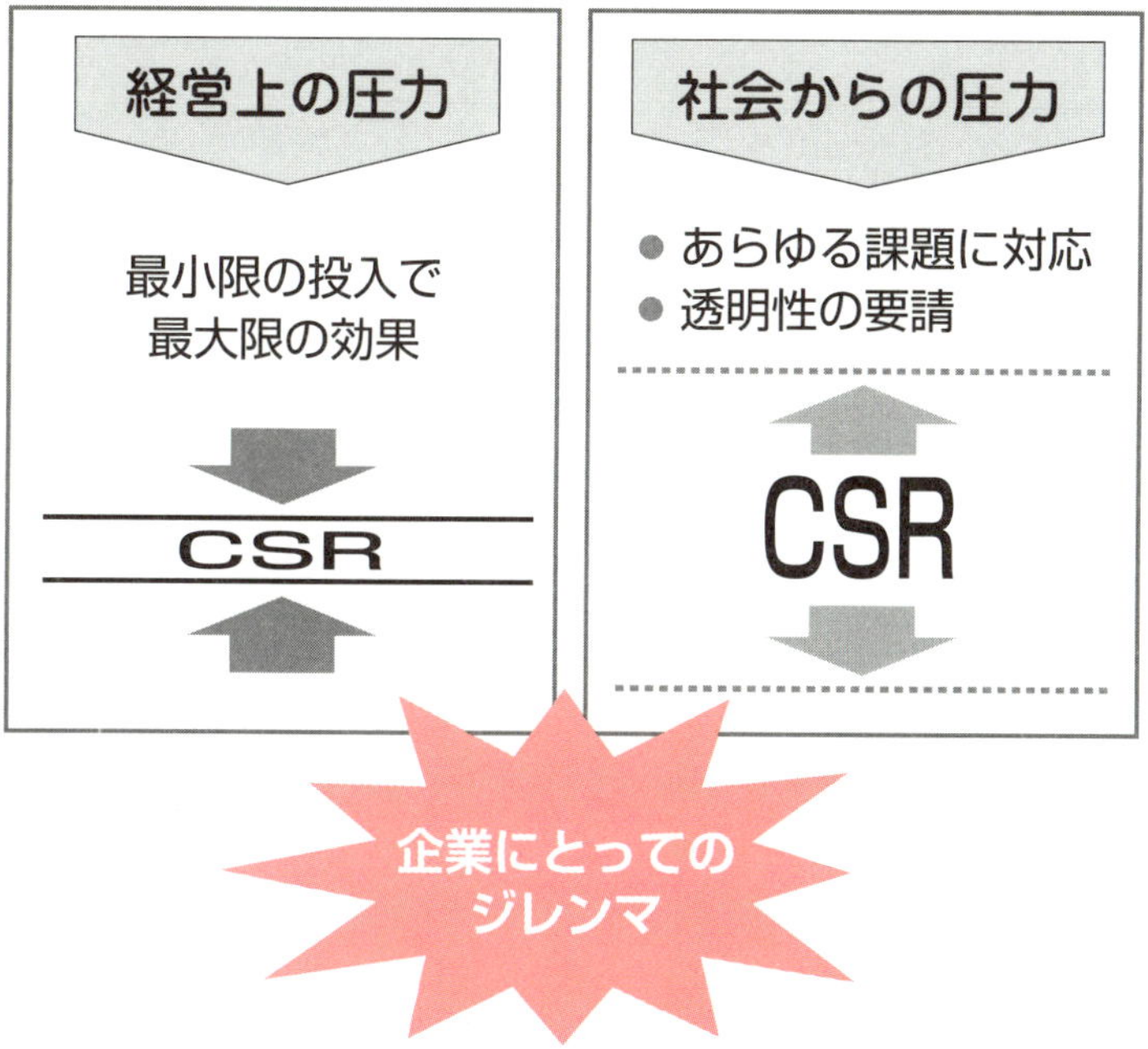

対応策

- 自社事業に**特定する課題**を抽出する
- CSR課題について、**優先順位づけ**をする
- 実行可能な取り組みについて、**ステークホルダーから理解**を得る

社会からの要請すべてに対応するのではなく、ステークホルダーの関心事をふまえて優先順位をつけ、長期的に取り組んでいく。

一方で、会社は営利団体であり、「ヒト・モノ・カネの経営資源を効果的に投入し、利益を永続的にあげる」という使命をもっています。CSR活動を考える場合でも、社会から寄せられる幅広い要請に、すべて同じように対応することは難しくなってきます。会社にとって、経営上の圧力と社会からの圧力の板ばさみになりがちです。

そこで、さまざまな課題のなかで、どれが会社や社会にとって重要なのか、それぞれの会社の事業の特性などをふまえて優先順位を決めていくことになります。より関心が大きく重要なステークホルダーを見きわめ、場合によっては重点的に対応することが解決策になります。

社内外の要因について現状を把握

まず、最初にやることとは、自社の現状が何がどこまでできているか/できていないかをチェックしていくことです。CSRの活動とは、現在、進めている事業の日常的な業務のなかで実行していることがたくさんありますが、社会の変化に十分対応しきれていない活動も多くあるはずです。この場合、会社内の状況を確認するばかりでなく、世の中の関心度はどう広がっているのか、それが会社にどう影響してくるのか、といった社外の要因についても同時に認識していくことが重要なのです。

社内と社外の現状把握

社外の要因	現状の把握	社内の要因

社外の要因	社内の要因
●社会の関心事や対応すべき課題を把握しているか？	●企業理念や行動基準があるか？
●CSRが自社事業に及ぼすリスク／機会は？	●ある場合、それが実際にどう使われているのか？
●社会に向けて誰とどう対応するのか？	●社内でやっていること／やっていないことは？

▼

自社ならではのCSRの展開

社外と社内の視点から、自社の現状を分析する。
この過程で自社にとってのCSRは何かが把握され、
実践へとつなげるスタートになる。

22

分析と評価の流れをつかむ

CSRの担当者だけでなく、各部門の責任者と一緒に検討する。

CSRの基本部分の評価から

どの会社にとってもある程度共通するCSRの基盤と基本の部分として、第2章で紹介した五つの基本分野「ガバナンス」「マーケット」「環境」「職場」「地域社会」において自社が何をやっているかを見出していきます。

課題を見つけるための全体の流れは、左図をご覧ください。このステップすべてを踏むことで、より徹底的に各社のCSR課題を見出すことができますが、「CSRにどこまで取り組むか」といった姿勢や目的の違いにより、必要な分析ステップを適宜取り出して行うというやり方もあります。

何のために課題を分析したいのかがはっきりしていれば、それに該当するステップを重

CSR課題分析の全体フロー

ステップ1

事業プロセスにおけるCSR 課題の把握

↓

ステップ2

CSR 課題のリスク／機会での評価

↓

ステップ3

社内外の現状分析

- ①外部分析
- ②内部分析

↓

ステップ4

③重点CSR 課題の判定

上記のフローのうち、必要と考えられるステップに絞って分析することでも有効。

点的に行うほうが効果的です。

部門の責任者の協力を得る

最初のステップは、事業プロセスのなかで、各分野の課題を知ることです。ここでいう「事業プロセス」とは、社内の部門・部署や役割のことです。たとえば、製造業では、研究開発から始まり、製品の生産機能（工場）、そして販売・マーケティング、さらに販売後の顧客対応窓口といった一連の流れでビジネスが展開しています。

次のステップでは、CSRに関連する課題を会社にとってのリスクと機会の視点でより分けていきます。ここでは、どれだけ前向きに課題をとらえるかがポイントです。

最後のステップでは、主な課題について社外の視点でどのような影響があるかを分析するとともに、社内では現在どこまでできているのかを分析します。前者の社外分析については、主要なステークホルダーの優先度合いが理解でき、それぞれでの課題と取り組む方向について検討していくことになります。

分析の各ステップでは、CSR担当者だけで作業をするのではなく、担当の各部署や部門の責任者と一緒に検討していくことが大事です。これによって、各事業部門の皆さんとのCSRの意識共有ができるという効果があります。

CSR課題分析の活用例

- CSRの取り組みを本格化する際の全社重点テーマの選定

- 関係各部門とのCSR課題や優先順位に対する共通認識合わせ

- CSR推進部門におけるCSR課題の整理･戦略の立案

- CSR推進者向け研修でのCSRへの理解促進、推進手法の習得

- 子会社・関係会社への展開における展開・推進ツール

- 現状の取り組み状況および外部環境の変化に対するレビュー

計画策定のための課題分析だけでなく、社員研修や意識啓発にも活用することができる。

23

事業プロセスでの課題を把握する

自社の製品・サービス特有の課題とステークホルダーについて検討する。

主事業機能と管理機能

まず、会社内の事業プロセスの流れを図式化してみましょう（左図）。

各事業プロセスが関連しあい、会社全体で価値を生み出すことから、「バリューチェーン」と呼ばれます。

事業プロセスは、主事業の機能に加え、広報部や人事部など本社の管理機能も含まれます。また、自社内で行っているプロセスだけでなく、間接的な機能についても忘れてはなりません。

たとえば、自社で工場をもたずOEMで製品供給を受ける場合です。自社ブランドの製品として市場に流通していれば、消費者はその会社の製品として認識しますので、間接的

主要な事業プロセスの例（製造業）

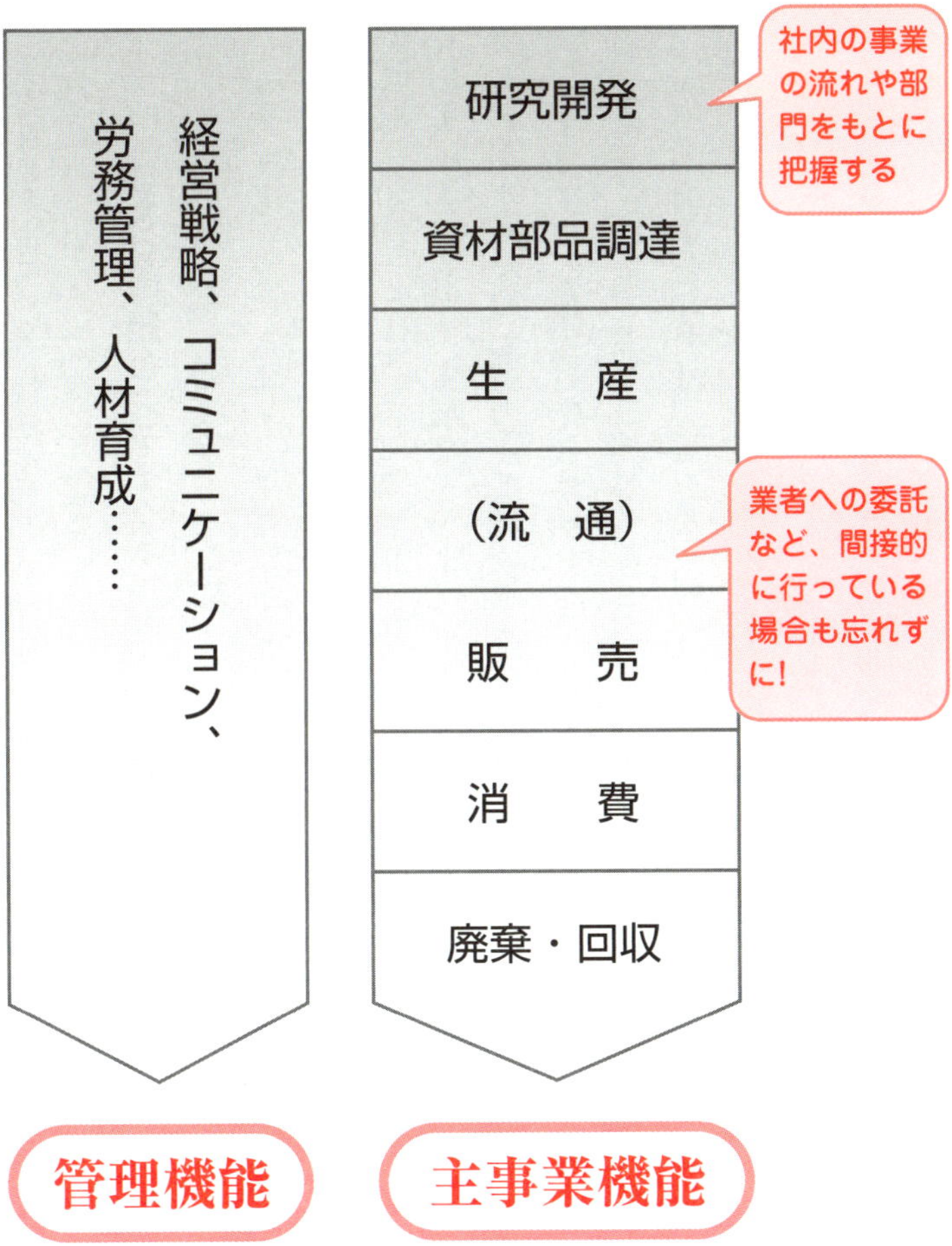

企業は機能別に動いているので、その機能組織やプロセスごとに課題を詰めていくとわかりやすい。管理機能の役割も重要。

なかかわりも自社展開と同じように留意が必要なのです。

CSR課題とステークホルダーの把握

次に、これらの事業プロセスごとに、CSRの課題とそれぞれで関係するステークホルダーを考えていきます。携帯電話会社を例にした左図から説明します。

研究開発部門では、製品の開発にあたって、各種の規制への対応はもちろん、電磁波やセキュリティなど、高まる世間の関心事にまで広げた配慮が求められます。こうした関心をもつ人たちが「主要なステークホルダー」ですから、具体的な機関や団体をリストアップします。環境配慮の点では、購入する資材部品について徹底する必要があり、調達先のメーカーにも環境対応の体制をつくってもらうことも課題となります。

販売部門は、顧客に接することが仕事ですから、社会の要請を最も感じる部門です。販売での公正な取引は、最も基本的なCSR課題です。こうしたリスク対応だけでなく、日ごろ、お客様に接するなかで顧客が不便に感じている要望を新たな商品の開発につなげれば、リスクを機会と見ることができるのです。

管理機能の例として、ここでは人事・労務をあげています。職場環境の整備面ばかりでなく、人材育成といった事業へのプラスの効果にも注目していきましょう。

事業プロセスでの課題分析ワークシート（携帯電話会社の例）

事業プロセス	CSR課題	主要ステークホルダー
研究開発	電磁波の人体への影響	研究機関
		健康に関心をもつ団体
	高度セキュリティ技術の実用化	政府各機関
資材部品調達	リサイクル資材等の有効活用	資材メーカー
		部品メーカー
生産	工場地域での住人とのコミュニケーション	地域住民
販売	誰にでも使いやすい設計	利用者
	過剰接待（企業倫理）	取引先
人事・労務	差別・人権問題	従業員・派遣社員
	公平な雇用機会（多様性活用）	
……		

24 リスクと機会に分類する

「社会にどんな影響を与えるか」という視点で判断する。

課題を四領域で見る

ＣＳＲ課題には、どれでもプラスとマイナスの側面があります。ここでは、社会やステークホルダーにとってどのような影響があるか、と考えることができますので、これを「社会影響」と考えることもできます。

経営にとっては、マイナスの側面が「ＣＳＲリスク」、プラスの側面が「ＣＳＲ機会」ととらえることになります。

そこでまず、「リスク」と「機会」の軸で評価していきます。さらに、事業に直接関連する場合（市場志向）と、関係しない場合（社会志向）を区別する軸を取り入れることで、本業におけるＣＳＲの位置づけが明確になります。この二軸で分類すると、ＣＳＲ課題は

CSR課題のリスク／機会マップ

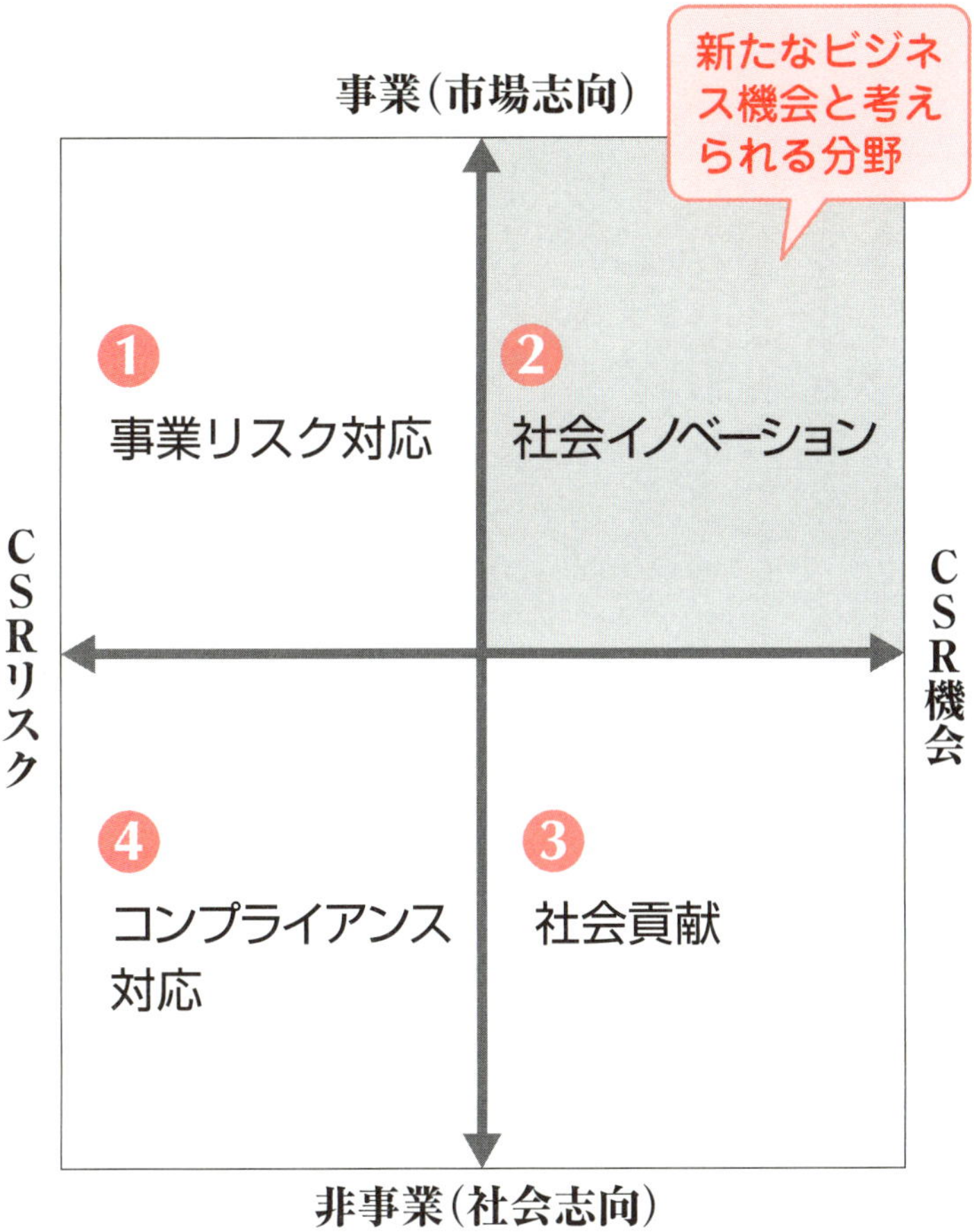

2軸のマトリックスで考えることで、機会と事業性に関係づけて考えられる。
各部門の事業のなかでCSRをどう位置づけるかが重要。

四つの領域に整理することができます。

CSRを「ビジネス機会」としてとらえる

前ページのマトリックスのなかで、把握したCSR課題が事業にとってリスクになるのか／機会になるのかを考えていきます。

四つの領域のなかでも、右上の領域、つまり「②社会イノベーション」が、事業との関連では重要になります。いっぽう、「④コンプライアンス対応」は、最低限守るべき行為ですし、「③社会貢献」は、事業の利益が出たなかから社会に還元する行為ですから、どちらも事業と直結しません。

CSRがこれだけ関心をもたれているのは、会社の本業のなかで、どれだけ社会の配慮をするかが重要になっているからです。そこで社会にプラスの効果をもたらすビジネス機会を見ようとすれば、CSRも「事業戦略の有力な一手段」と位置づけられます。

リスクと機会は裏腹ですから、ある事象をすべてリスクとすることもできますが、それを克服することで機会になる、と考えられます。どちらに重点をおき、どう見るかは社内で判断基準を決め、よく検討して評価してください。

リスクと機会の判断例

価 値 創 造

課題例	リスクとしての見方	機会としての見方
CO_2の排出	製造工程で発生するCO_2の削減にコストがかかる	省エネルギーを切り口にした製品の開発で収益の機会が見出せる
職場環境の整備	整備することにコストがかかるうえに、対応したところですぐに効果が見えない	意欲的な人材の採用ができ、今後のビジネスに必要な有能な人材を確保できる

同じ課題でも、リスクと見るか機会ととらえるかでその後の行動が変わってくる。プラス思考をもたせる一方で、リスク判断も忘れないようにする。

25

外部要因を分析する

社会への影響やステークホルダーの期待を考慮して、課題の重要度を判定する。

自社にとっての重要度を判定する

事業プロセスで把握したCSR課題をCSRの五つの分野にまず分類します。

実際の分析では、たとえばマーケットでは、消費者や顧客企業、サプライヤーなどさまざまな小分類に分けて考えることで、より整理されてきますが、ここでは、大分類のみにとどめます。

それぞれのCSR課題について、社外の要因を整理していきます。

「影響度（自社事業が社会に与える影響）」と「要請度（主要なステークホルダーからの要請・期待）」の二つの切り口でそれぞれどのくらいの程度であるかを評価します。

評価にあたってその度合いを数値化することは難しいので、ここでは大・中・小の三段階にしています。

ステークホルダーの期待を聞く

「影響度」は、会社側の立場で社会にどうかかわっているかを考える機会になります。会社としては意図的でなくても、社会にとっては悪影響、ということもあります。

自社の努力によって影響を小さくできる場合もあれば、一社だけ、また、特定の産業だけが取り組もうにも問題が大きすぎる場合も多くあります。それでも影響があると考えて現時点でもリストアップしておくことが必要です。

「要請度」は、社会の側から会社に対して要求したい、という立場の評価です。ですから、この分析では、できれば主要なステークホルダーと直接対話をする機会をもち、早い段階から懸念も含めた課題を提示・評価してもらうのがよいでしょう。また、購買部や顧客サポート担当など、日ごろステークホルダーと接点になっている担当部門から具体的な要望などを聞くことも組み合わせていくといいでしょう。

最後に、この二つの評価結果をかけ合わせ、さらに、「自社にとっての重要度」を考慮して外部分析の評価をA（最も重要）、B（やや重要）、C（重要でない）で判定します。リスクか機会かをここで書き加えておくと、より明快になります。

ステークホルダーからの要請・期待	要請度	自社にとっての重要度	リスク／機会	重要度
過剰接待の禁止は厳格に遵守	中	一時的な売上のためにルール違反を犯してはならない。問題が発生する前に徹底	リスク	B
人体への安全性の不安を早く解消してほしいとの要望は常にある	中	安全性の研究成果を他社に先駆けて出すことで、潜在的リスクを減らすことができる	リスク	C
身体に不自由さがあっても、簡単に扱えるようにしてほしいというニーズは大きい	中	すべての利用者にとって利便性向上の機会になり、潜在的需要は大きい	機会	B
安心して利用できるサービス体制は大前提	大	セキュリティの確保は最優先対策	リスク	A
資源の有効利用への要望	中	資源対策として有効であるとともに、環境意識の高い層にアピールできる	機会	B
ホットラインを設けたがあまり問題は寄せられていない	小	対策はできているので大きな問題はない	リスク	C
女性の登用やダイバーシティの展開についての社会での要請が増している	大	外国人や女性従業員の公平な雇用と積極的な登用により、社内の人財の強化	機会	A
地域内のよき企業市民として役割を果たしてほしい	小	これまでも対応しており、今後とも継続	機会	B

影響度×要請度＝重要度

分野	CSR 課題	自社事業が社会に与える影響	影響度
ガバナンス	過剰接待（企業倫理）	過剰接待が恒常的になると、品質・価格などの公正な競争が阻害される	中
マーケット	電磁波の人体への影響	人体への影響が明らかではないが、誰しも不安は感じている	中
マーケット	誰にでも使いやすい設計	高齢者や障がい者を含め、あらゆる人々にとって利便性が高くなり、利用者が広がる	大
マーケット	高度セキュリティ技術の実用化	個人情報保護やセキュリティの問題が発生した場合、社会的信頼を損なう	大
環境	リサイクル資材等の有効活用	希少金属の回収、再利用により、循環型社会の構築に貢献できる	中
職場	差別・人権問題	セクハラ・パワハラは社会問題化することもある	中
職場	公平な雇用機会（多様性活用）	女性の社会進出を阻害する可能性がある	中
地域社会	工場地域での住民とのコミュニケーション	地域の雇用創出にはなるが、環境保全に留意が必要	中

26

内部要因を分析する

社内で何が、どこまでできているのかをレビューする。

グループ全体で現状を把握する

このステップでは、社内でのCSRの取り組みがどの分野でどのくらい対応できているかの現状を確認します。外部分析と同じように、CSR課題それぞれについて見ていきましょう。この場合、社内のPDCAプロセスのそれぞれの段階で、現在どのように行われているか／行われていないかを確認していきます。

社内の対象範囲については、自社単体だけでなく、できれば海外を含めたグループ会社全体まで広げることが求められています。

また、複数の事業部門があったり、カンパニー制度をとっていてビジネスの形態がそれぞれにかなり異なる場合には、一つにまとめようとせずに、事業部門ごとに別々のワーク

PDCAがどこまでできているか

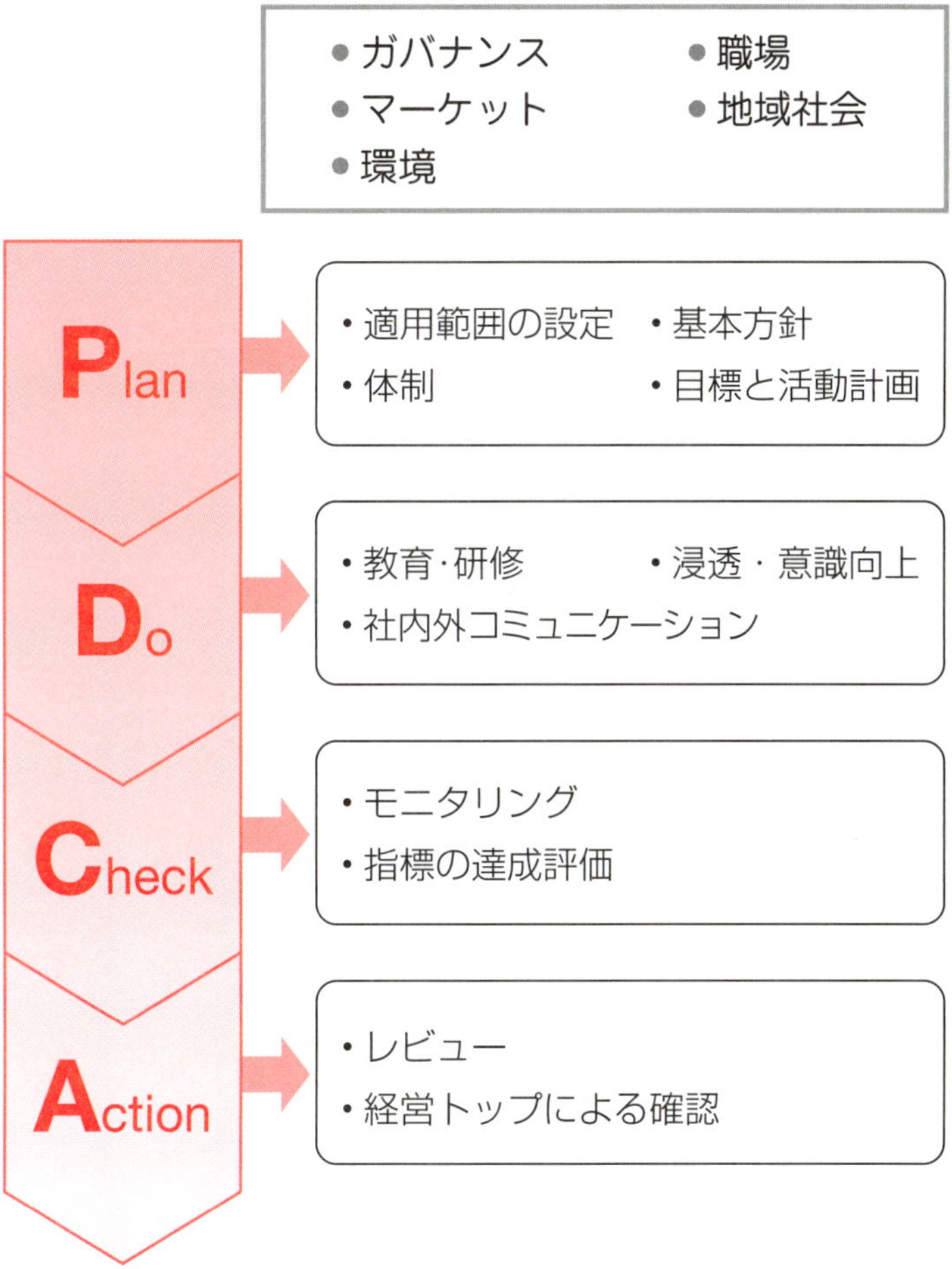

すべての課題について厳格にPDCAサイクルが必要とは限らない。課題に応じてマネジメントのレベルは柔軟に設定する。

シートをつくってください。より具体的に状況が把握ができます。

体制をつくること自体が目的ではない

ＣＳＲのすべての分野において厳格にマネジメント・システムをつくることが目的ではありません。規定をつくって記録を保管するといった管理作業をすること自体が目的ではありませんので、厳格なものでなくてもいいのです。

あらためて全体をレビューすると、アクションまで万全に行われている分野がある一方で、かなりできていない分野も見えてきます。たとえば、労務面で、体制整備は万全でも、実際には休暇の取得がその通りにできていない、ということがよくある実情です。

計画を立てても実践がともなっていない、活動しているが評価していなければマネジメントサイクルとはいえず、できていないことと同じです。各部門の担当者と協議して実態を知ってください。

この分析は、社内のために行うのですから、ありのままをシートにまとめることが必要です。調査の過程で何ができていて何ができていないかがよりはっきりわかってきます。最後に、全体の対応度をＡ（対応できている）、Ｂ（ある程度できている）、Ｃ（ほとんどできていない）で判定しましょう。

内部での対応度の評価

分野	CSR課題	社内対応状況	対応度
ガバナンス	過剰接待（企業倫理）	販売計画達成が危ういときには、無理をきいてもらうために過剰接待になっているケースもある。やむをえないとして従来から黙認されている	B
マーケット	電磁波の人体への影響	研究は継続的に行っているが、現在まで人体に悪影響を与えた事例がないため、特別な対応はしていない	B
	誰にでも使いやすい設計	研究は継続的に行っているが、特別な対応はしていない	B
	高度セキュリティ技術の実用化	個人情報保護対策には万全を期している 電話機のセキュリティ対策はR&Dにて継続的に開発中	A
環境	リサイクル資材等の有効活用	使用済み携帯電話の回収に応じないケースが多く、30%台で低迷している	C
職場	差別・人権問題	概ね社内で理解が得られている	A
	公平な雇用機会（多様性活用）	社員の男女比率は半々だが、女性管理職は少ない。特に積極登用も行っていない	C
地域社会	工場地域での住民とのコミュニケーション	工場周辺の地域対策は十分に行っている	A

27

取り組み課題の優先度を判定する

社外と社内、両方の分析結果から重点課題を絞り込む。

すべて対応するより重要度を選別する

外部分析による「重要度」と、内部分析による「対応度」の二面から最終的に優先度を判定をします。それぞれについて三段階評価をしていますので、左図のように、縦軸と横軸にとったマトリックス上においてみると明快です。

この二軸での評価は、リスクマネジメントの評価でもかなり一般化されている手法です。手法そのものをまったく新しいやり方にしているのではなく、これまでなじんできた評価方法や判断基準に社会やCSRという考え方を導入したものなのです。

現在、みなさんが行っているリスク評価が三段階でなく、数値化している方法であれば、そのやり方を適用し、既存の評価に組み入れることも可能になります。

重要度と対応度によるマッピング

分野	CSR 課題	重要度	対応度
ガバナンス	過剰接待（企業倫理）	B	B
マーケット	電磁波の人体への影響	C	B
	誰にでも使いやすい設計	B	B
	高度セキュリティ技術の実用化	A	A
環境	リサイクル資材などの有効活用	B	C
職場	差別・人権問題	C	A
	公平な雇用機会（多様性活用）	A	C
地域社会	工場地域での住民とのコミュニケーション	B	A

重要度：A（高い）、B（やや高い）、C（低い）
対応度：A（対応できている）、B（ある程度できている）、C（ほとんどできていない）

ここから取り組む！

重要度＼対応度	C	B	A
A	・公平な雇用機会		・高度セキュリティ技術の実用化
B	・リサイクル資材などの有効活用	・過剰接待 ・誰にでも使いやすい設計	・工場地域での住民とのコミュニケーション
C		・電磁波の人体への影響	・差別·人権問題

このような評価をしてみると、とにかく社内でできていないところを洗い出していこう、という社内志向に走ってしまう傾向がよく見られます。

しかし、どの項目についてもおなじレベルまで社内で行うには限界があります。それでなくても、情報セキュリティの徹底など、社内での管理項目が急速に増えているのですから、社員の間には「またか」という意識をもたれてしまいます。

重要だが対応できていない項目から始める

すでに展開している管理活動とも多く重複するものですから、重要度が高い項目から対応する、という考えのほうがいいのです。重要度が低いのであれば、必須対応事項に絞って対応を実施するほうが効果的で、その他の重点分野への注力を検討します。

重要度が高いにもかかわらず、対応度合いが十分でないと判断された場合が、まず最初に取り組まなければならない領域です。ステークホルダーとの意識のギャップが大きければ、最優先で取り組むことが必要となります。そのようにして対応を進めることで、マトリックスの右上に向かっていきます。

ただし、すぐに取り組める場合ばかりでなく時間がかかる場合が多くあります。その場合には、段階的に時間をかけてやるという姿勢を示しておくことが大事です。

重要度の高い項目から取り組む

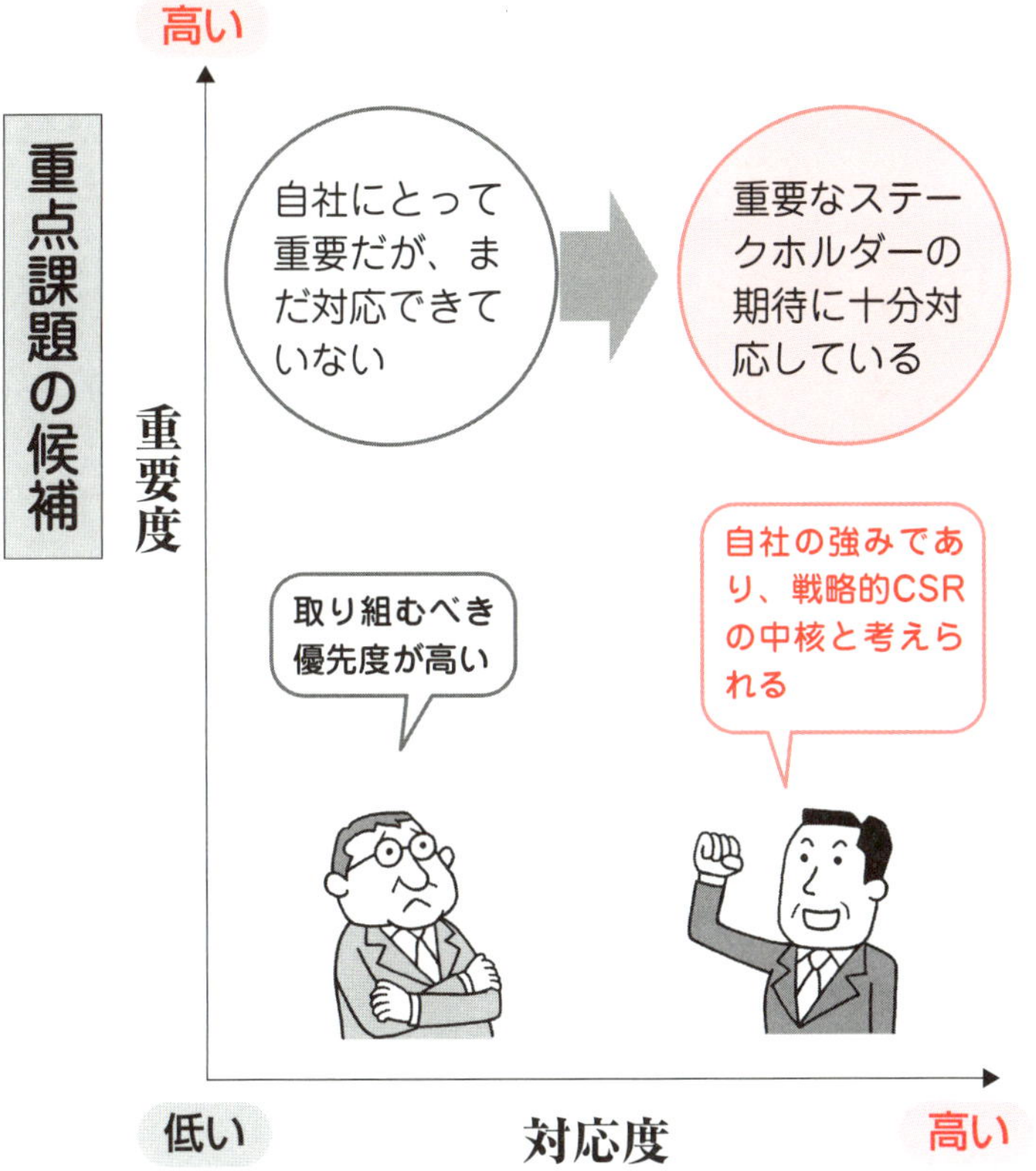

CSRについての強みと弱みを把握することにもつながる。

28 推進に向けた計画をつくる

重点課題に取り組むための活動計画を立てる。

測定できる目標を設定する

優先度を判定して絞り込んだCSR課題から、CSR目標の設定へとつなげていきます。目標となれば、数値化された具体的な指標に落とし込むことが望ましいのですが、CSR目標として設定されるものは、通常の財務情報以外の要因であったり、定性的な要因であったりすることが多く、測定が難しいのが現状です。

それでも、「測定できないものは成果が評価しにくい」ともいえます。重要な課題として認識したにもかかわらず、目標設定が甘いことで、実践があいまいになってしまうこともあります。

可能な限り測定できる目標をもつように努めてください。数値化できない場合は、たと

課題判定から活動計画へ

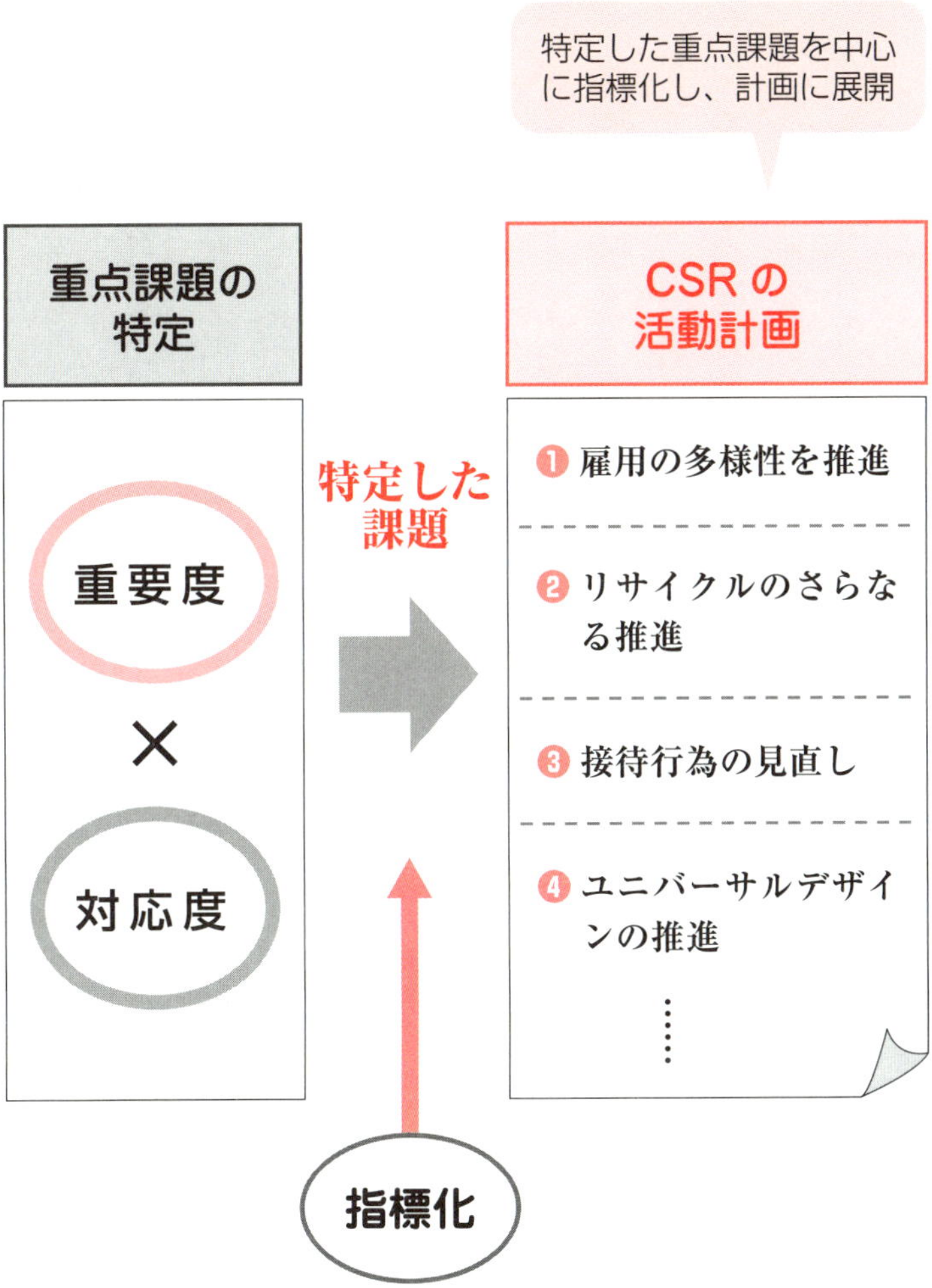

特定した課題を活動の項目に置きかえ、目標にする。

えば「顧客満足調査を実施する」といった、行動の目標でも十分代替できます。

活動計画をつくる

そこで、円滑なＰＤＣＡのため成果を測る「物差し」、つまり「指標」を予め目標と関連づけて決めておくことです。

指標は、まずは自社内で管理していくために設定しますが、できれば社内向けだけでなく、ステークホルダーが求める活動の成果報告として情報開示していくことが望ましいです。まずは数多く設定しようとせず、主要な指標に絞ってください。

主要指数を軸として、目標を達成するための具体的な行動（対策、行動、研修、測定など）を定めたものが活動計画です。「絵に描いた餅」にならないためには、その実効性を高めることです。

それには、各項目についての実施責任者や測定担当者、そして詳細なスケジュール（たとえば、年度内で月ごとに行動を書いたカレンダー）も決めておきます。

ＣＳＲ目標は全社で共有しますが、活動計画は、各部門ごとに設定するとよいでしょう。この計画を部門内に周知することも、浸透・定着策の一つです。

全社と部門レベルでの行動計画を記載する

	全社計画		
	今後の目標	単年の行動目標	実施責任部門
雇用の多様性を推進	5年後に女性管理職の比率を5%にする	女性社員の意識調査を行う	人事部
リサイクルのさらなる推進	5年後に使用済み電話の回収率を70%にする	回収ボックスを販売店に設置する	・営業部 ・顧客サービス担当 ・代理店担当
接待行為の見直し	公正な行為の徹底	営業部員への教育・研修の再プログラム	・法務部 ・営業部

COLUMN

CSR実践のポイント④

リスクはプラス思考で考える

◆リスク意識からはじまる

CSRと聞くと、「何か説教されるのでは」と構えてしまう人が多いようです。また、「……ねばならない」ことのリストが増えた、と思うケースもあります。

起こりえるリスクを徹底的に洗い出し、その対策をおこたりなく、というリスクマネジメントの発想が企業に広がりすぎているためでしょう。

◆CSRで新規事業も

しかし、社会のニーズを満たしていくことこそがCSRなのであり、リスク対応ばかりではありません。むしろリスクが見られるときにそれをプラス思考で解釈すれば、これまでになかったチャンスだともいえるのです。「問題がある」ということは、それ自体がニーズなのです。

このように、①社会の動きをよく見ること、②プラスに考えること、が大事です。

中国産の食品の安全性が問題になっている、というニュースをみなさんはどう受け止めるでしょうか。消費者は、高くてもいいから安全な国産の食材をと考えますから、ここに新たな「機会」が生まれます。

コスト上、割の合わなかった国内での農業や食品加工が注目され、ここに新規事業の可能性があるのです。

第5章
CSRを推進する【実践編②】

㉙経営トップがリードする
㉚CSR推進体制をつくる
㉛社内に浸透・定着させる
㉜活動評価を社内・社外で活用する
㉝ステークホルダーとコミュニケーションする
㉞協働体制をつくる
㉟活動の報告と情報を開示する

29 経営トップがリードする

「公人」の立場で将来を見すえ、長期的に取り組む。

自社の「存在意義」を再確認する

企業の価値観を突きつめて考えれば、社会と関係していない会社などありません。特に日本企業は、創業時から会社の存在そのものが社会に貢献する活動と位置づける企業が多くあります。ここに立ち返ってみれば、CSRとは企業の存在意義の具現化であり、経営は「価値観にもとづく企業活動のかじ取り」といえるでしょう。

そのためにはまず、経営トップがCSRを強い意志でもって推進することです。社員に方向性を示し、模範となってリードしていかなければ、売上目標達成ばかりに目がいき、日常の業務がどうしても優先されてしまいます。経営トップには、社会に対して責任ある「公人」としての自覚が求められるのです。

経営トップに求められる「公人」としての自覚

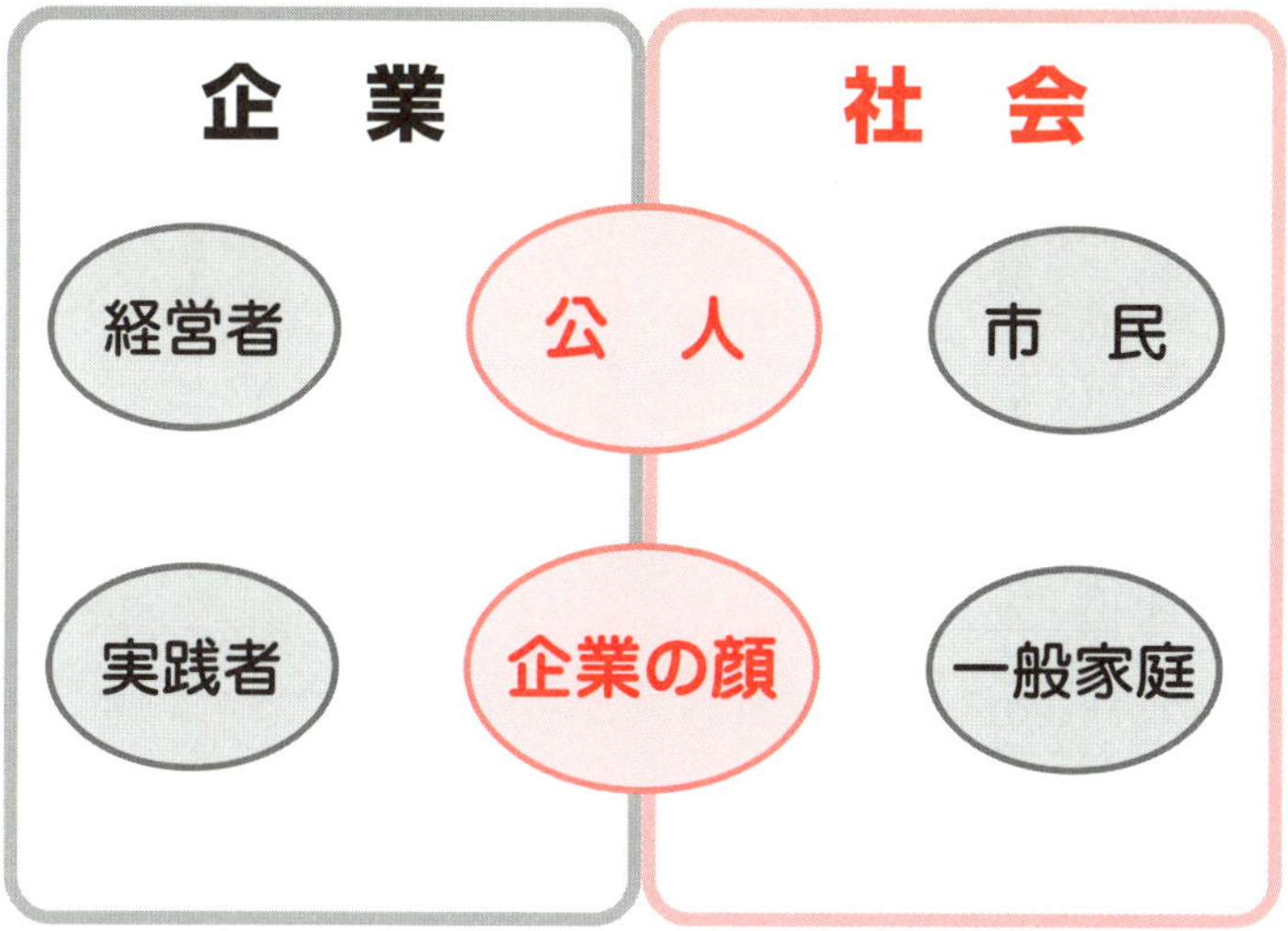

社員の不信を招く経営トップの言動の例

- 「CSRは義務的に片手間でやればいい」
- 「見栄えのいい報告書をとりあえず作成せよ」
- 「アンケートには得点が高くなるように答えておくように」
- 「CSRはブランドイメージをあげるための一手段にすぎない」

経営トップ自身が、価値観やメッセージを変えなければ、社員が本気になり「価値の創出」につながるCSRは推進できない。

また、CSRに取り組んだからといって、すぐに目に見える効果が表われるわけではありません。しかし、先読みをして対策をとっておけば、問題が起きても、責任を果たしている企業として世間から高い評価を得られやすいのです。

先読みすることで評価を得る

評価を得るためには、社員だけでなく地域へもCSRを浸透させることが重要です。自社イメージに好感をもたれることも期待できます。一方、後追い型の行動では対応が後手にまわり、結果的に多大なコストや労力を費やすことになりかねません。

社内のマネジメントでは、CSRの各分野について行うレビューに対し、経営トップはきびしい目で評価しなければなりません。トップの姿勢が明確かどうかで、社員のモチベーションは大きく変わります。現在やれることだけをやっていればいいのではなく、将来を見すえた社会の関心事に敏感になっておくことです。定期的なレビューは、日ごろの活動を継続的に改善するための機会だととらえてください。

さらにCSRで大事なことは、社内への浸透の確認だけでなく、むしろこの一年の活動状況を外部に示し、ステークホルダーからの評価も受けることです。CSR報告書を発行し、社長のコミットメントを公表する企業が増えているのはこのためです。

社会の関心を先読みして対応する

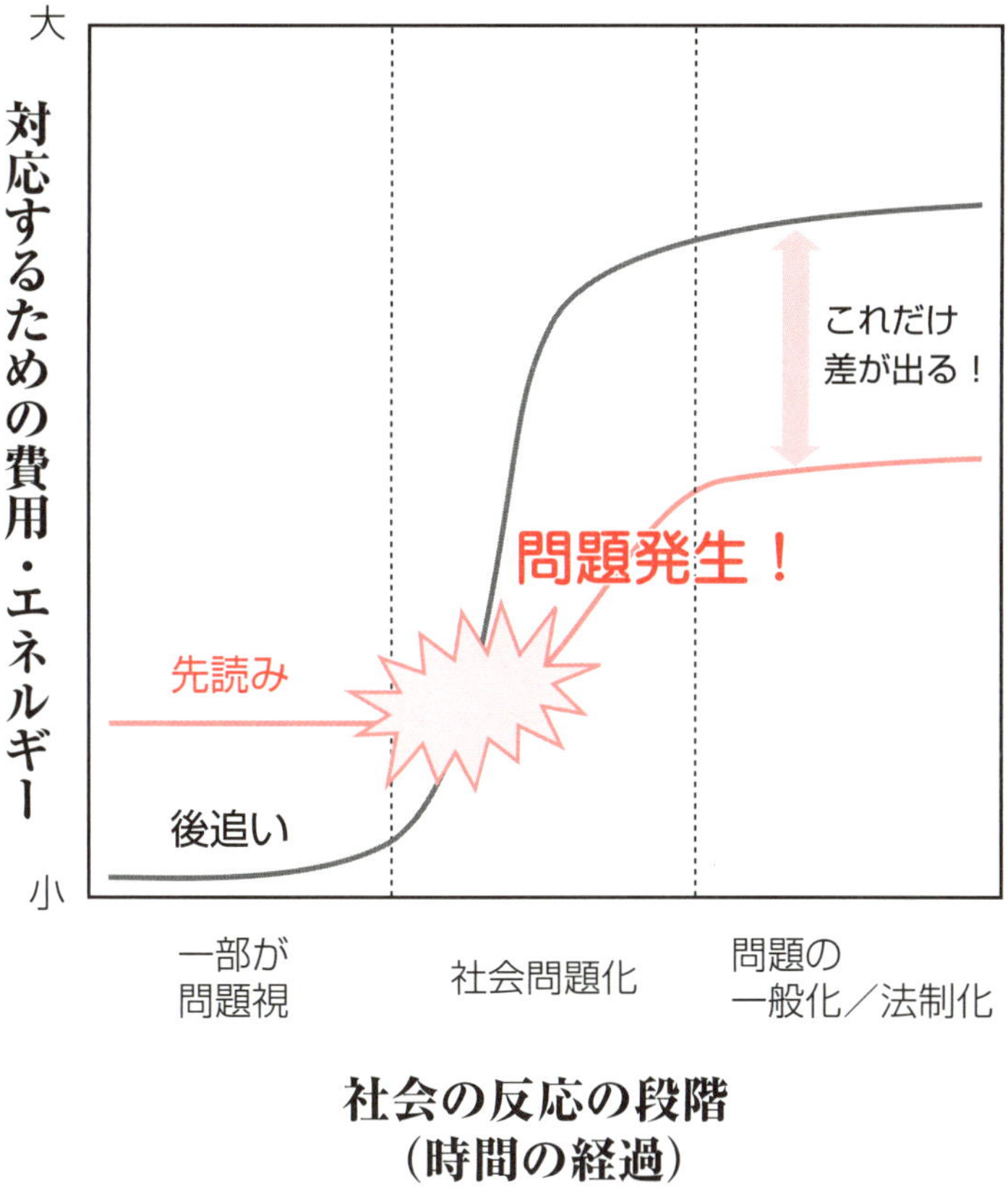

後追いでの対応では、最終的にコスト増につながる。

30

CSR推進体制をつくる

社内で部門にまたがる「横断的な体制」をつくる。

社内の「まとめ役」になる

社内にCSR推進のための部門をつくる会社が増えてきています。

CSRは本来、会社のあらゆる活動にかかわっていますので、部門をつくったからといってその担当者だけがCSRをやっていればいい、というものではありません。担当の部門をつくるのは、①社外のステークホルダーとの窓口を一元化しておく、②会社全体で意識をあげるうえで「推進の旗振り役」となる、という大きく二つの目的があります。

社外に向けた窓口の背景として、企業評価機関や大学などの各種機関からの、CSRについての調査依頼の増加があげられます。調査票が会社宛てに送られてくるので、確実に

CSRを推進する体制

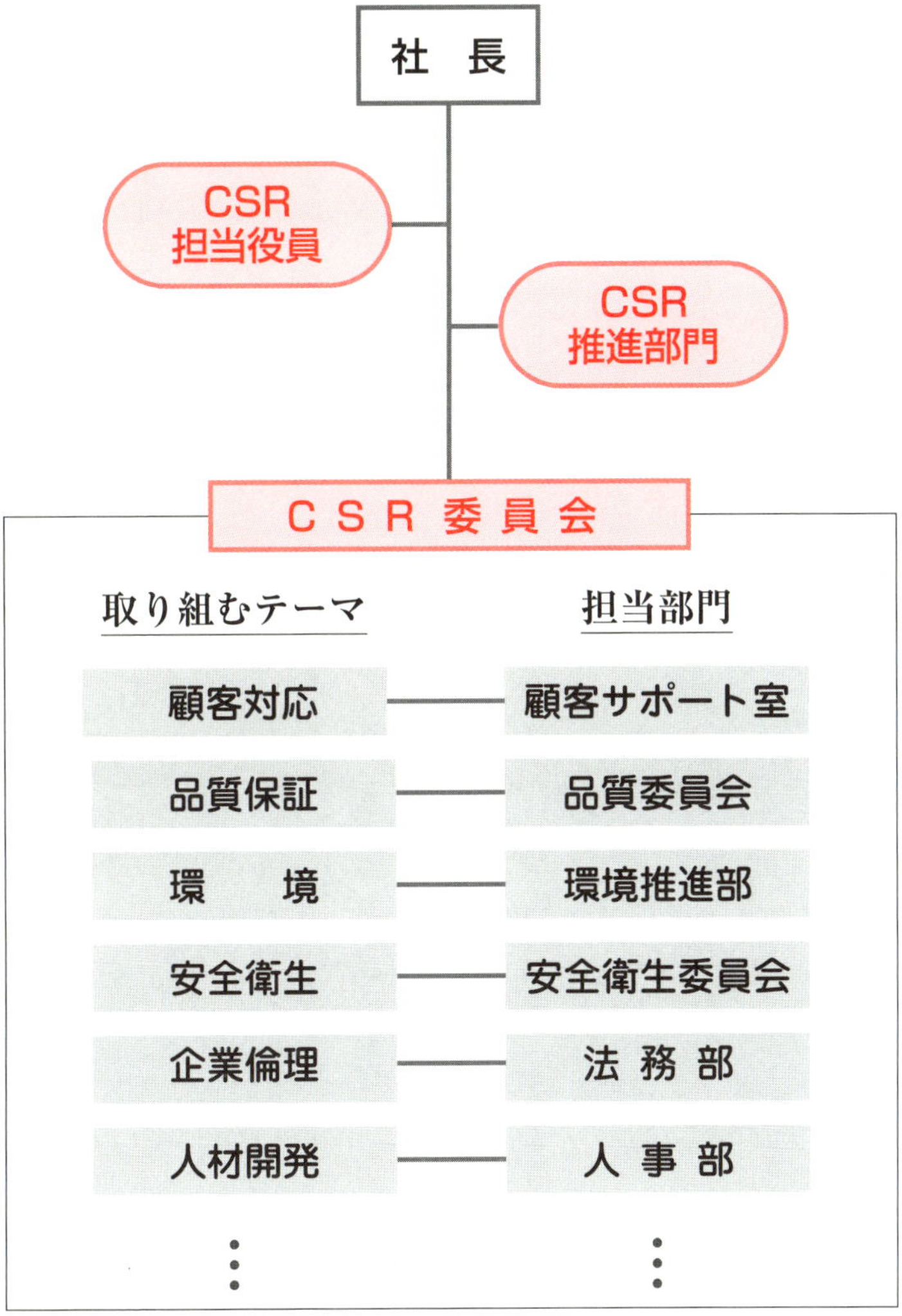

取り組むテーマ	担当部門
顧客対応	顧客サポート室
品質保証	品質委員会
環　　境	環境推進部
安全衛生	安全衛生委員会
企業倫理	法　務　部
人材開発	人　事　部
⋮	⋮

各担当部門レベルでPDCAサイクルを運用する。

受領し、関連の部門に回答を依頼する「まとめ役」が求められているのです。

既存の活動を利用する

社内にCSR推進体制をつくる場合でも、これでなければいけない、という規定されたものはありません。多くの会社では機能横断的にカバーするCSR委員会をつくり、各機能や部門の代表者が定期的に集まる機会をつくっています。

まず、CSR推進部門は、全社レベルでの活動の統括という意味で、社長の下に位置しています。トップのコミットメントが重要ですから、それを推進するためのCSR担当役員をおくことをおすすめします。この役員は、現在の役職担当との兼任でかまいません。

実際には、CSR委員会のメンバーがそれぞれの担当に伝達・実践するという体制にし、委員会を通じて各分野の推進をします。前述したように、CSRには、すでに社内で委員会や専門部署が組織され、担当・実施しているケースが多いでしょう。

たとえば、品質委員会、環境推進部、安全衛生委員会などがあげられます。この場合には、委員会の代表がCSR委員会のメンバーになれば、重複もなく効率的です。

既存の活動をまわすことを基本としながら、そこにCSRとしての観点を加えてもらうのです。これにより全社で展開ができてきます。

推進部門の進め方

◆ CSR 推進部門の役割

❶ 全社での CSR 計画の策定〜運用（PDCA）

❷ 各担当部門のベクトルあわせ

❸ 各担当部門での活動実績の確認
➡指標にもとづく成果

❹ グループ、海外事業や関連会社の把握

❺ サプライチェーンまで広げた推進

◆ 各部門、機能の実践

❶ 各機能レベルでの PDCA サイクルの展開
➡指標にもとづく活動実績の確認

❷ 直接かかわるステークホルダーとの日常的な連携

31

社内に浸透・定着させる

マネジャーが「社内推進役」となり、積極的に進める。

まず、管理者自身の行動を変える

経営は「変化対応業」であるともいえます。管理者層は会社を変えていくうえでの中心的な存在であり、まず、管理者自身の行動が変わることが求められます。部下を育成することで、一人ひとりの意欲が相乗効果を発揮して、部門ひいては会社全体の成長へつながるようにすることは、管理者層の重要な役割です。

今日のように、経営革新が続くなかでは、戦略や組織のあり方がはげしく変化する一方、従業員の価値観は多様化し、社会からの評価もきびしくなっています。こうした環境のもと、組織を牽引する管理者には、今まで以上に複雑で困難な役割が期待されます。

それは、これまでの「指揮命令型」ではなく、異なった価値観を認める包容力や公平性

階層別の浸透・定着ポイント

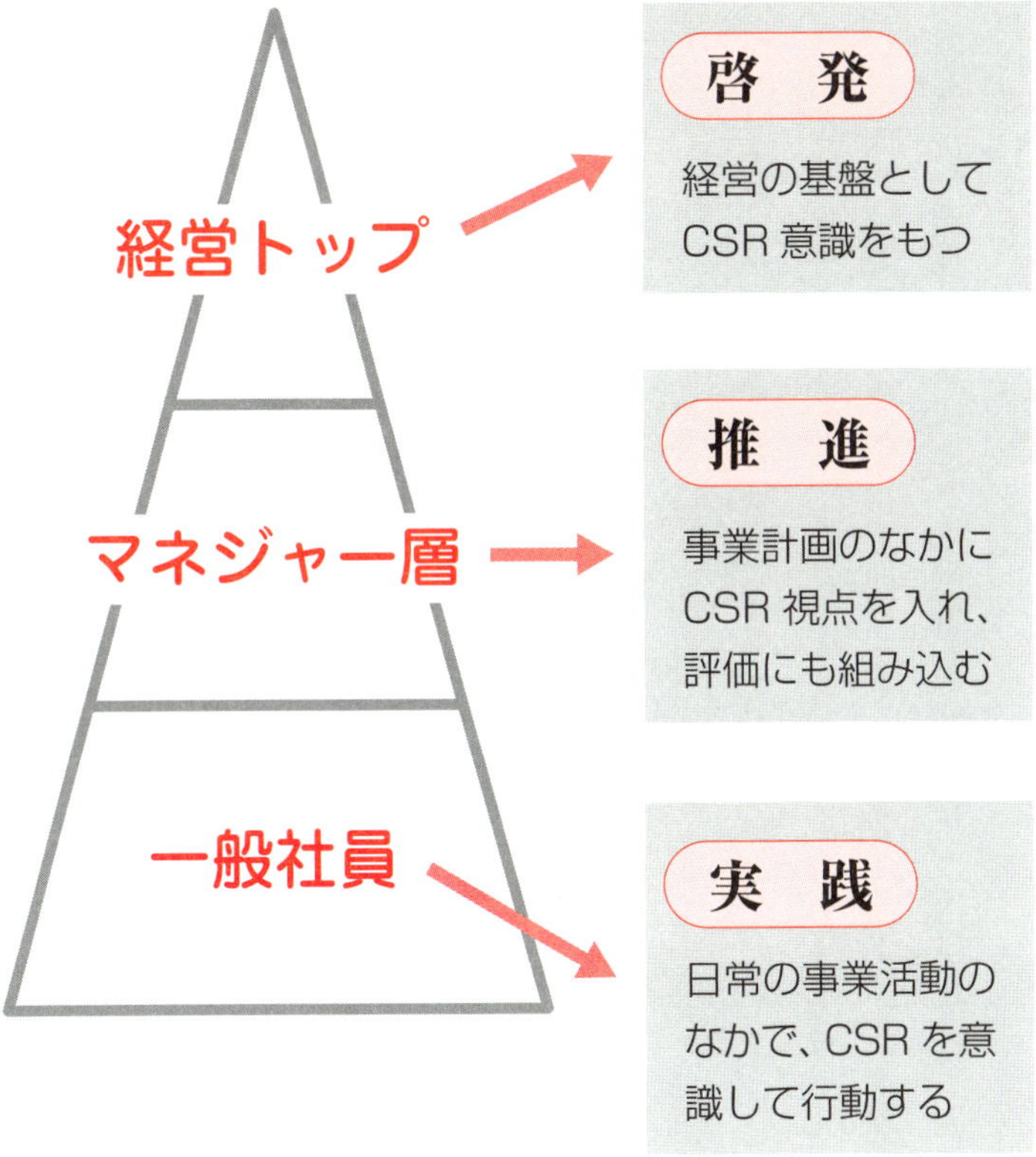

トップダウンとボトムアップ、両方のやり方で意識の定着を図る。

を備え、部下との本音の対話や信頼感をつくることができる資質や能力です。
「管理」する「者」という言葉自体がすでになじまず、社内の意識向上にあたる「マネジャー」といったほうがいいでしょう。

日常業務のなかで意識をもたせる

ＣＳＲの実践は、本来の業務と別物ではありません。日常業務のなかで、企業の幹部から一般社員までの全員が企業理念を実践できていることが理想です。

そこで、ＣＳＲの実践にあたっては、まず、この考えを社内へ浸透・定着させることが求められます。ただし、やさしいことではありません。ＣＳＲを知識として獲得し（認知）、その必要性がわかる（理解）ことが必要であり、時間がかかるものです。

社員一人ひとりが、日常業務のなかで社会やステークホルダーに意識することを行動習慣化することがその到達点といえるでしょう。

そのため、「これをすればできる！」というマジックはありません。社内のイントラネットで社員間の意識アップを図っているケースもありますし、企業理念などの社員への浸透・定着状況を定期的にチェック・評価し、改善につなげる会社もあり、さまざまな試みが行われています。

CSR意識を定着させる実践例

方法例	ポイントと効果
既存の各種研修プログラムにＣＳＲの視点を導入	あらためてＣＳＲ研修プログラムをつくろうとしても、情報過多で消化不良になる。今やっている研修にプラスすることで対応は可能
社員を巻き込んだ企業理念の見直し	自分の会社の創業の精神、本来やるべき業務の方向などを再認識する機会になる。また実践する段階で、社員に受け入れられやすい
ＣＳＲ活動を表彰する社内の制度づくり	工場の品質管理活動（QCサークル）の表彰制度をＣＳＲに応用したもので、社員の自発的な日常の努力などを引き上げる効果がある
イントラネットで社内の活動事例を紹介	組織が大きくなってくると、社内でも顔が見えなくなってくる。それぞれの活動を紹介し合うことで、内部のコミュニケーションが広がる
社外の“お手本”を紹介	他社でうまくやっている例があると、みんな見たくなるもの。同じようにできなくても、いいところは取り入れよう、という気持ちが生まれる

32 活動評価を社内・社外で活用する

「評価指標」をうまく使えば、コミュニケーションが活性化する。

計測指標を効果的に使う

CSRは、経営トップがみずからのCSRに対するコミットメントで始めた活動ですから、CSR目標に対する成果を高い関心をもって評価する責任があります。そこで、CSRの成果を測る評価指標が意味をもってくるのです。

成果を測る段階では、スタート時に想定した「測定の質」はあまり気にせず、そのことも含めて徐々に改善してください。

また、成果を「測ること自体」だけが目的ではありません。目標やアクションプランをどのように進捗させたか、というプロセスも評価の対象とし、進捗状況や成果を知り、次年度に向けて適切な手を打つためのものでもあります。

評価のポイント

計画に対し、どの程度、実施されたかを評価／レビューする

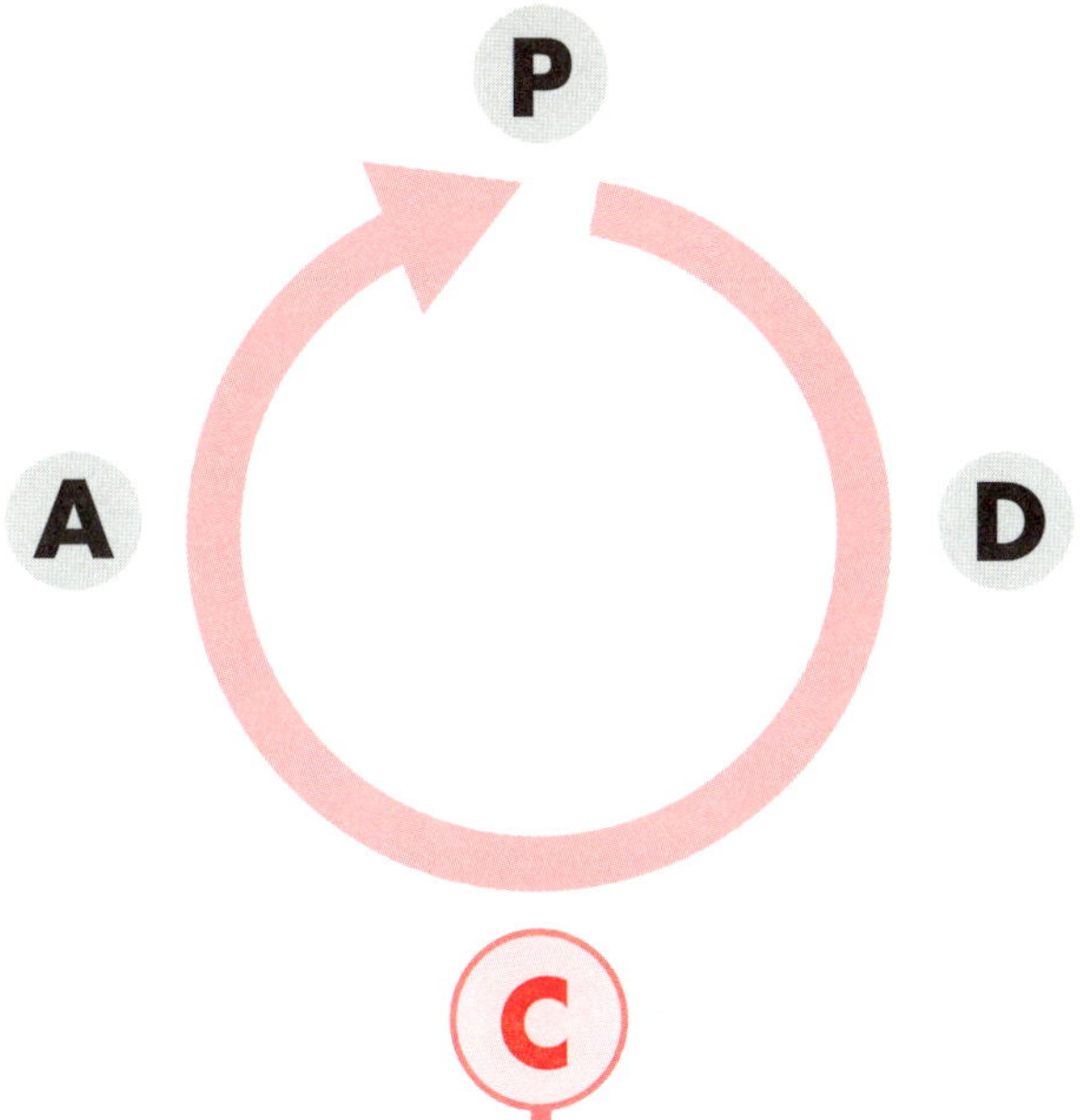

- アクションプランで設定された指標ごとの達成度を見る
- 社員の意識や行動がどのように変わったか？

「測ること」自体は目的ではなく、継続するための通過点と考える。

評価指標をつくる目的は二つ

評価指標の第一の目的は、社内マネジメントとして測定結果を「社内コミュニケーションの活性化」に使うことです。

事務局や推進リーダーの声かけに終わらせることなく、日々CSRを実践する社員にとっては、その成果を知れば、モチベーションが高まり、浸透に役立つでしょう。成果の「見える化」は、CSR活動を他人事にさせないための秘けつです。

また、漠然としがちなCSRも、経営トップやマネジャーに説明する際、物差し（指標）の利用で具体的な討議につながり、共通認識が深まります。

第二の目的は、社外に向けてCSRの活動を説明するために「指標でもって表わす」ことです。ステークホルダーは、会社の活動に大きな関心をもっていますから、どんな取り組みが行われ、それがどの程度の成果をあげたのかを知りたいのです。

指標にもとづく評価は、社外の人たちとのコミュニケーションのうえでも役立ちます。ステークホルダーは、何もすぐに対応し、それが直接的な効果をあげることを求めてはいません。時間のかかる課題については、到達目標を示し、期間をとり、目標に対して今期はどれだけの活動が行われたかがわかれば、安心するものです。

評価を効果的なコミュニケーション手段として使いましょう。

コミュニケーションのポイント

会　社

社内向け

➡ **従業員**

- 活動の成果を把握
- 従業員の意識を高める
- 社員間での活動の共有

社外向け

➡ **ステークホルダー**

- 世間の関心事にどう対応しているか
- 取り組んでいる姿勢と経過を示す
- 会社への関心のきっかけ

社外に対してもやっていることを公表していくことで、効果的なコミュニケーションができる。

33

ステークホルダーとコミュニケーションする

ステークホルダーと「対話」することで、社外からの評価に向き合おう。

地域との共存共栄をめざす

ステークホルダーに向き合うことがCSRの基本であることは、これまで何度も強調してきました。では、実際にどのようにステークホルダーとコミュニケーションするかが問題です。ここでは、主要なステークホルダーとして、地域社会、従業員、消費者をあげて具体的に考えてみます。

地域に根ざしたビジネスをしている会社では、地域社会は非常に身近で事業と切り離せない存在でしょう。「地域への配慮」というと、地元の団体への寄付や地域でのイベントへのボランティア参加といった活動がまず考えられますが、このような社会貢献だけが地域へのCSR活動ではありません。

ステークホルダーごとの対応

- 相手が、個人の場合と組織や団体である場合の両方が考えられる
- ステークホルダーごとに異なるコミュニケーションの方法が求められる
- どんな場合にも、誠意をもって対応する
- その場で終わらせるのでなく、フォローアップが必要ならば後日必ずコンタクトする
- 寄せられた声や意見は、社内の関連部門にフィードバックする

会社の周りのさまざまなステークホルダーに会社の方針や取り組みを説明する責任がある。

たとえば小売業の場合、店舗の周りに住む人たちは、地域でのかかわりをもつと同時に大事なお客様でもあり、ビジネスに直接、影響します。地域と共存共栄するために、日ごろから顔が見える関係をさまざまなレベルでスムーズにしておくことです。

企業も「社会の一員」と考える

従業員は会社を動かす源です。会社が活気づくのも意気消沈するのも、社員みんなの意識しだいで、いかようにも変わります。頭数だけいればいいのではありません。一人ひとりが満足する働き方ができれば、仕事の効率は何倍も変わってくるのです。

そのために、マネジャーは、常にスタッフの悩みや改善点を聞いておくことが大事です。また、経営トップがみずから現場社員とコミュニケーションをとることも、社員のモチベーションを高めるのに大事なことです。

消費者などのステークホルダーを向いた経営は、一見どの会社もできていると考えがちですが、意外に社内しか見ていない会社が多いものです。

最終消費財メーカーでは当然のことですが、ＢtoＢ（対企業向け）ビジネスにおいても顧客企業の先には消費者がおり、社会とのかかわりをもっているのです。製品となって売られていく最後まで考えていくことが求められているのです。

さまざまなコミュニケーション方法（例）

方法	ポイントと効果
対話	懸念をもっているステークホルダーと直接会い、向きあって話し合う。もっとも基本的なコミュニケーションであり、どんなステークホルダーともまず対話から始まる。何が問題になっているのか、会社側の姿勢としてどう受け止めているのかなど、それぞれの立場が考えていることを率直に話すほうが解決につながりやすい。
説明会	新たに施設を建設する場合や工場の操業の状況を定期的に知らせるような場合に、地域住民に対して開催する。特に新たな施設の場合には、計画初期の段階で開催し同意を得ておくことがポイントで、あとから反対運動などにならないようにすることが大事。
ウェブサイトでの告知、開示	ステークホルダーが全国に存在する場合、ウェブサイトの活用は欠かせない。迅速な情報開示が求められる場合や、一般に広くお知らせしたい場合などに効果的。会社からの一方的な通知だけでなく、双方向でのコミュニケーションにもつなげたい。
お客様窓口でのサポート	消費者の苦情や問題の指摘などを受ける窓口でのコミュニケーションは、会社への印象を左右する。結果のフィードバックを図ることが望ましい。

34

協働体制をつくる

ビジネスを展開するうえでの「パートナー」に位置づける。

戦略的パートナーをつくろう

ステークホルダーは、会社にとって否定的なことを言う人たちばかりではありません。リスク回避のためでなく、ビジネスを展開するうえでの「友好的なパートナー」としてプラス思考に切り替えることも可能なのです。

事業の最初の段階から協働していくことを目的にすることも、最近の傾向としてよく見られます。これは、社会の課題がビジネスの中心になっている事業分野で考えると、よりわかりやすくなります。

たとえば、介護サービスを考えてみましょう。そもそもは、公共団体が公的な福祉として提供してきた分野ですが、高齢化社会が進めばサービスを受けたい人たちが増え、社会

社会の課題を協働して解決しよう

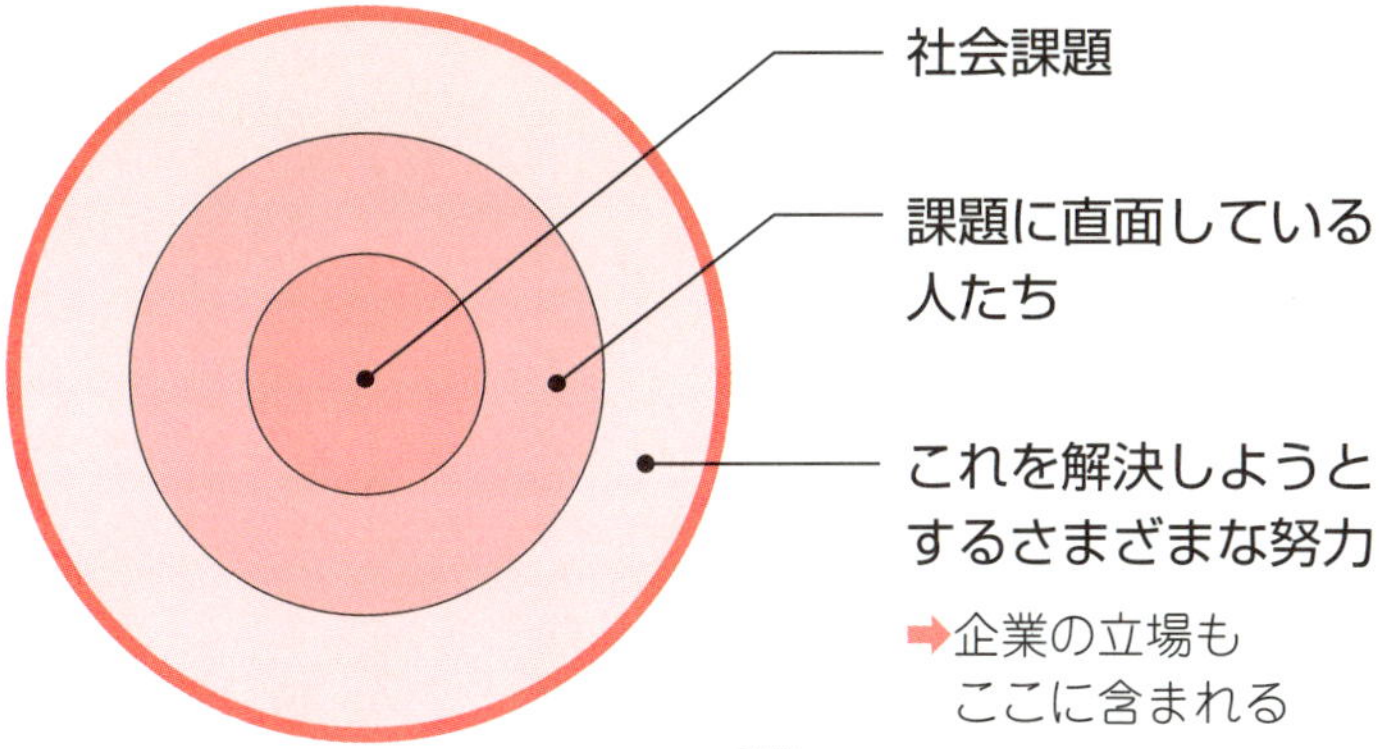

- 私たちが直面しているさまざまな社会課題（環境問題、高齢化、過疎化、食品の安全性……）を解決するために、社会全体が協力しあうことが必要。

- この点で、企業も社会を構成する一つのステークホルダーであり、他の団体と協働して取り組むことが求められる。

- 企業中心に考えるのではなく、社会課題を中心においてみると、企業がさまざまなステークホルダーと協働する意味が見えてくる。

保障だけではカバーできなくなります。そこで、サービスの民営化が進みますが、営利目的だけでは事業を継続することは難しいでしょう。

公共性の高い活動を事業として成り立たせるには、社会的意義を強く意識してくれるヘルパーさんが必要です。彼女たちは単純な労働者ではなく、重要なステークホルダーなのです。このような戦略的パートナーとの連携がカギになります。

ビジネスに有効な方法を考える

原材料の調達まで含めれば、世界のいたるところとビジネスがつながっています。日本では起こらないような問題が、海外とのビジネスで発生しているのです。

たとえば、食品工場の衛生管理や安全な原料の確保はビジネスパートナーに求められる最低限のラインです。しかし、中国での食品安全問題のように信頼できないとなれば、何か別の方法も必要になってきます。

そのような場合、現地でのモニタリングを行う市民団体やＮＧＯなどが中間的に監視の役割を果たしてくれることもあります。

政府ばかりに頼れないのならば、さまざまな角度からステークホルダーと良好な関係をつくり、自社のビジネスに効果的な方法を考え出すことが得策といえるでしょう。

強力な協力関係を築く

企業とステークホルダーとの連携

もちろんこれまで通り、政府機関との連携がなくなるわけではないが、新たなパートナーがますます重要になっている。

35

活動の報告と情報を開示する

取り組んできた内容を「CSR報告書」にまとめて公開する。

「CSR報告書」で一年の活動をまとめる

CSRでは、自社内のマネジメントにとどまらず、活動の内容を開示していくことが求められます。その典型例が、「CSR報告書」の作成による情報開示です。

CSR報告書は、義務化されていませんが、大企業を中心に多くの会社が発行していなす。活動自体がこれだけ広がっているのも、報告によって、さまざまなステークホルダーとのコミュニケーションを図ることが、かなり根づいてきているからです。

法規制がないかわりに、各種のガイドラインが規定されており、国内で代表的なものは、環境省の「環境報告ガイドライン」があります（158ページ）。CSR全般としては、国際的なガイドラインとしてGRI（Global Reporting Initiative）の「サステナビリティ報告ガイドライン」が大企業でよく使われています。

作成のプロセスも重要になる

ＣＳＲ報告書の発行が広がるなか、ＣＳＲ担当者の最初の仕事が、「報告書の作成」というケースが多いようです。このような場合は、作成する過程で社内の関連部門とコンタクトすることが、ＣＳＲの重要性を説明するいい機会になると考えてください。

社内の協力なくして、社外のステークホルダーへの説明はできません。ＣＳＲは、一年だけの活動ではありませんので、この作成のプロセスを第一歩にして、次に社内でのＣＳＲマネジメントへと発展させてください。

ＣＳＲ報告書は、無料で会社が配布しています。最近では、冊子による報告書だけでなく、ウェブサイトも積極的に併用しており、内容とともにそれぞれの媒体にあった報告の仕方を考えて報告書の作成にあたるといいでしょう。

幅広いCSR課題に体系的・継続的に取り組む

このようにＣＳＲは、課題の把握から活動の展開、対話や情報開示によるステークホルダーへの説明によって、社内外への価値を高めることにつながっていくのです。

2）総物質投入量及びその低減対策
3）水資源投入量及びその低減対策
4）事業エリア内で循環的利用を行っている物質量等
5）総製品生産量又は総商品販売量
6）温室効果ガスの排出量及びその低減対策
7）大気汚染、生活環境にかかる負荷量及びその低減対策
8）化学物質の排出量、移動量及びその低減対策
9）廃棄物等総排出量、廃棄物最終処分量及びその低減対策
10）総排水量等及びその低減対策

4. 環境配慮と経営との関連状況（環境効率指標）

5. 社会的取組の状況を表す情報・指標（社会パフォーマンス指標）

- 労働安全衛生に関する情報・指標
- 雇用に関する情報・指標
- 人権に関する情報・指標
- 地域及び社会に対する貢献に関する情報・指標
- 企業統治（コーポレートガバナンス）・企業倫理・コンプライアンス及び公正取引に関する情報・指標
- 個人情報保護に関する情報・指標
- 広範な消費者保護及び製品安全に関する情報・指標
- 企業の社会的側面に関する経済的情報・指標
- その他の社会的項目に関する情報・指標

出典：「環境報告ガイドライン（2007年版）」
（環境省、http://www.env.go.jp/policy/report/h19-02/index.html）

環境報告の開示情報

1. 基本的項目

1）経営責任者の緒言
2）報告にあたっての基本的要件
3）事業の概況
4）環境報告の概要
5）事業活動のマテリアルバランス

2. 環境マネジメント等の環境経営に関する状況（環境マネジメント指標）

1）環境マネジメントの状況
2）環境に関する規制の遵守状況
3）環境会計情報
4）環境に配慮した投融資の状況
5）サプライチェーンマネジメント等の状況
6）グリーン購入・調達の状況
7）環境に配慮した新技術、DfE 等の研究開発の状況
8）環境に配慮した輸送に関する状況
9）生物多様性の保全と生物資源の持続可能な利用の状況
10）環境コミュニケーションの状況
11）環境に関する社会貢献活動の状況
12）環境負荷低減に資する製品・サービスの状況

3. 事業活動に伴う環境負荷及びその低減に向けた取組の状況（オペレーション指標）

1）総エネルギー投入量及びその低減対策

COLUMN
CSR実践のポイント⑤

ステークホルダーは新しいパートナー

◆社会との利害を調整

ステークホルダーとは、日本語では「利害関係者」と訳されます。つまり、会社の周りにいる人ならば誰でもいいのではなく、「利害」をもっている人や団体なのです。特に、CSR のなかでステークホルダーが重要になってくるのは、「社会」を構成している人であり団体です。

◆向き合って信頼関係をつくる

こうしたステークホルダーには、NGOや市民団体などがあり、これまでなじみのない方たちとも対等に付き合っていくことが求められます。

“NGO”と聞くと、こわばってしまう方を多く見かけます。確かに過去においては、反社会的な行為を仕掛けてきたり、株主といいながら、実態は総会屋だというケースがありました。その一方で、慈善活動として寄付を求めてくるだけの団体が多かったことも事実です。

昨今ではステークホルダーも成熟しており、社会のガバナンス確立のうえでも率先して向き合うことが求められます。

特に海外では、ステークホルダーから信頼を得ることがカギともいわれています。

〔著者紹介〕

海野　みづえ（うんの　みづえ）

創コンサルティング代表。千葉大学卒業および同大学院修了後、経営コンサルティング会社を経て、1996年㈱創コンサルティングを設立。日本企業のグローバル経営に視点を置き、CSR経営のあり方を提言するとともに支援に携わる。東京大学大学院非常勤講師、ブラザー工業㈱社外取締役ほか、政府委員会の委員を務める。共著書に、『グローバルCSR調達』（日科技連出版社）、『SRIと新しい企業・金融』（東洋経済新報社）などがある。

〔分担執筆者紹介〕

鷹野　秀征（たかの　ひでゆき）

名古屋工業大学大学院修了後、アクセンチュア㈱にて大手企業の業務改革に従事。2001年独立し、NPO支援、CSR啓発の傍ら、ベンチャー企業役員を歴任。現在、㈱創コンサルティングにてCSR研修企画、CSRマネジメント手法開発を中心に活動中。

創コンサルティング　http://www.sotech.co.jp/

本書の内容に関するお問い合わせ先
中経出版編集部　03(3262)2124

企業の社会的責任［CSR］の基本がよくわかる本（検印省略）

2009年2月5日　第1刷発行

著　者　海野　みづえ（うんの　みづえ）
発行者　杉本　惇

発行所　㈱中経出版
〒102-0083
東京都千代田区麹町3の2 相互麹町第一ビル
電話　03(3262)0371（営業代表）
03(3262)2124（編集代表）
FAX 03(3262)6855　振替 00110-7-86836
ホームページ　http://www.chukei.co.jp/

乱丁本・落丁本はお取替え致します。
DTP／フォレスト　印刷／加藤文明社　製本／三森製本所

ISBN978-4-8061-3283-7　C2034

本書をご購入いただいたお客様への重要なお知らせ

この書籍は「中経出版ネット書籍サービス」を無料でご利用いただけます。

当サービスのご登録・ご利用は本書のご購入者本人しかできませんので、ご注意下さい。

ネット書籍サービスとは。

「中経出版ネット書籍サービス」とは、お買い求めの本書と同じ内容の電子書籍（弊社ではネット書籍と呼称しています）を、インターネットを通してパソコン上でもお読みいただけるサービスです。特別な場合を除いて、CD付きの書籍はその音声を、DVD付き書籍はその映像もすべてパソコンで視聴できます。**本書を携帯できない場所（国内外出張先、旅行先、職場等）でも、お手元にインターネットに接続できるパソコンがあればいつでもどこでもご覧いただけます。**

あなただけの本棚をご用意します。

「中経出版ネット書籍サービス」にご登録されると、**サイト内にあなただけの「マイ本棚」をプレゼントします。**今後、弊社刊行の「ネット書籍サービス対応」と記した書籍をご購入いただきますとすべてあなたの「マイ本棚」に収納されます。

中経出版のベストセラーがネットで読める。

弊社では、弊社刊行の好評書籍を順を追ってネット書籍化（ネットエディション版）しています。ご希望の**ネット書籍が当サービスを通してお求めいただけます（有料）。**お求めいただいたネット書籍はあなたの「マイ本棚」でいつでもご覧いただけます。

ご登録・ご利用は無料です！
本書を必ずお手元において下記サイトにアクセスして下さい。

▶▶▶ https://ssl.chukei.co.jp/nbs/

中経出版のホームページからもアクセスできます。

ISBN 978-4-8061- 3283 **-** 7　**登録No.** e31611611J8

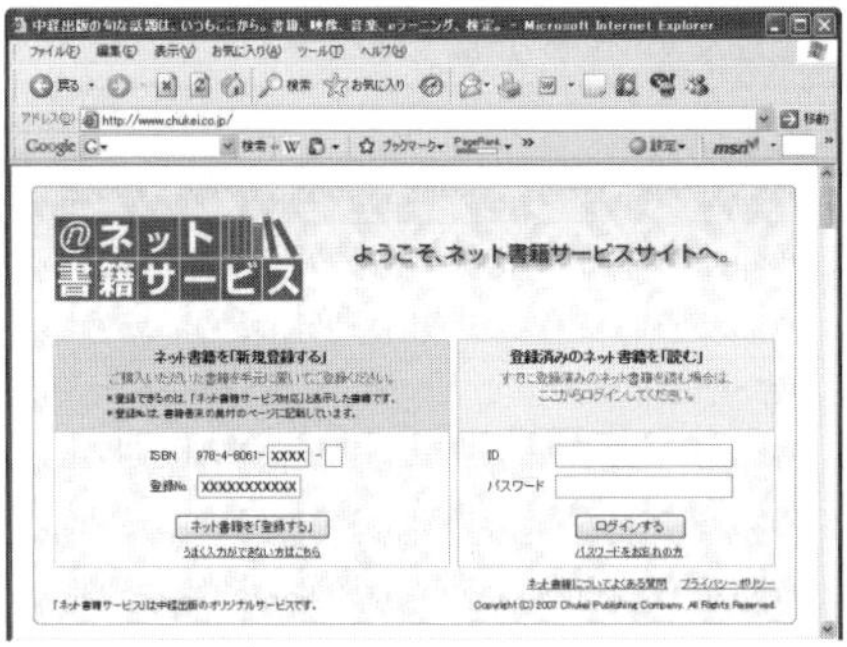

推奨環境

- Microsoft Internet Explorer5.5x以降
- Netscape6以降
- Windows、MacともにFlash Player8.0以上がインストールされていること
- ADSL以上のインターネット接続環境

＊著作権保護の観点から、登録No.は1冊1冊すべて異なります。登録できるのはご購入いただいたお客様ご本人だけです。できるだけお早くご登録下さい。
＊次のような場合には登録できません。
●中古書店で購入された場合などで、すでに前の所有者が登録されている。●会社で購入された場合などで、すでに会社の購入担当者が登録している。●本書を図書館で借りた。●本書を友人、知人から借りた。●本書を購入していない。などの場合。
＊「中経出版ネット書籍サービス」は、中経出版のオリジナルサービスです。
＊「中経出版ネット書籍サービス」に関するお問い合わせは、メールでお願いします。電話やFAXでのお問い合わせにはお答えできません。

お問合せ先　**netshoseki@chukei.co.jp**